黑龙江大学俄语学院 编
总主编 邓军 郝斌 赵为

普通高等教育"十一五"国家级规划教材

Русский язык
俄语 ⑥
（全新版）

主　编　何文丽
编　者　Т. А. Севастьянова
　　　　于洪声　刘　倩

北京大学出版社
PEKING UNIVERSITY PRESS

图书在版编目(CIP)数据

俄语(6)(全新版)/ 何文丽主编. —北京：北京大学出版社，2011.6
(21世纪大学俄语系列教材)
ISBN 978-7-301-19271-9

Ⅰ.俄⋯ Ⅱ.何⋯ Ⅲ.俄语－高等学校－教材 Ⅳ.H35

中国版本图书馆CIP数据核字(2011)第145767号

书　　　　名：	俄语(6)(全新版)
著作责任者：	何文丽　主编
责 任 编 辑：	李　哲　张　冰
标 准 书 号：	ISBN 978-7-301-19271-9/H·2904
出 版 发 行：	北京大学出版社
地　　　　址：	北京市海淀区成府路205号　100871
网　　　　址：	http://www.pup.cn
电　　　　话：	邮购部 62752015　发行部 62750672　编辑部 62759634　出版部 62754962
电 子 邮 箱：	zbing@pup.pku.edu.cn
印 　刷 　者：	北京宏伟双华印刷有限公司
经 　销 　者：	新华书店
	787毫米×1092毫米　16开本　11印张　230千字
	2011年6月第1版　2019年1月第4次印刷
定　　　　价：	25.00元

未经许可，不得以任何方式复制或抄袭本书之部分或全部内容。
版权所有，侵权必究　举报电话：010-62752024
电子邮箱：fd@pup.pku.edu.cn

21世纪大学俄语系列教材

顾问　白春仁　李明滨　张会森

编委会（以汉语拼音为序）
丛亚平　山东大学
邓　军　黑龙江大学
刘利民　首都师范大学
苗幽燕　吉林大学
史铁强　北京外国语大学
孙玉华　大连外国语学院
王加兴　南京大学
王铭玉　天津外国语大学
王松亭　解放军外国语学院
王仰正　浙江大学
夏忠宪　北京师范大学
杨　杰　厦门大学
张　冰　北京大学出版社
张　杰　南京师范大学
查晓燕　北京大学
赵　红　西安外国语大学
赵爱国　苏州大学
赵秋野　哈尔滨师范大学
郑体武　上海外国语大学

总 序

　　黑龙江大学俄语学院有六十余年的俄语教学历史，在长期的俄语教学实践中形成了一整套独具特色的教学方法，并在此基础上编写出了俄语专业系列教材，被国内多所院校俄语专业采用。其中《俄语》曾在全国专业俄语和非专业俄语范围内广泛使用，通过这套教材培养出了数以万计的俄语高级人才。

　　黑龙江大学俄语教材的编写原则历来是从我国俄语的教学实情出发，兼顾不同起点学生的俄语学习需求。在总结多年教学经验的基础上，本套《俄语》（全新版）依旧采用低起点教学原则，从语音导论开始，到最后篇章修研结束。其编写主线仍以语法为纲，酌情引入不同专题内容。低年级阶段以教学语法为基础，高年级阶段以功能语法为纲，以适合众多俄语专业基础阶段和提高阶段的学生使用。

　　本教材参考目前俄罗斯较新教材的编写原则，紧密联系中国国情，结合黑龙江大学多年来的俄语教学实际，注重日常生活交际，突出实用性，保障常用词汇数量，保障典型句式数量。教材内容更贴近生活、更贴近现实，使学生可以通过本套教材的学习，了解俄罗斯人的生活习俗、行为方式、思想方法以及人际交流模式。

　　教材在编写原则上力求反映出21世纪的俄罗斯风貌及当今时代俄语的最新变化。本教材在充分领会新教学大纲的基础上，以最新的外语教学理论为指导，在编写理念、素材选取、结构设计等方面都力求体现和满足俄语专业最新的教学要求，集多种教学模式和教学手段为一体，顺应社会和时代的发展潮流，突出素质教育思想，注重教授语言知识与培养言语技能的有机结合。

　　本教材共分为8册，包括学生用书、教师用书、配套光盘、电子课件等相关配套出版物。其中1至4册为基础阶段用书，5至8册为提高阶段用书。对于非俄语专业学生来说，1至4册的内容足以为其以后阅读专业教材打下良好的基础。5至6册中适量选用了不同专业方向的素材，以有助于不同专业的学生以后的专业资料阅读和把握。而对于以俄语为专业的学生来说，我们认为，除熟练地掌握前6册内容之外，熟悉7至8册的内容对他们未来顺利的工作将不无裨益。

　　本套《俄语》（全新版）被教育部批准为普通高等教育"十一五"国家级规划教材。编者在编写过程中得到中俄高校专家教师的大力支持和关注。任课院校教师的反馈意见和建议，使我们的编写工作更有针对性，更能反映教学的需求，我们对此深表谢忱！

邓军　郝斌　赵为
2008年4月

前 言

　　《俄语》(全新版)的学习对象是俄语专业零起点的大学生。第六册供第三学年第二学期使用。本教材也适用于自考生和其他俄语爱好者。

　　本册教材共有十一课,其中最后一课是总结课。每五课为一个单元,每个单元后附有备考俄语专业八级考试的练习题。每课包括课文前的对话、主课文、语言国情知识注释、生词表、课后练习、补充课文几部分。

　　全书旨在完善学生的言语交际能力,其特点是以课文为中心、根据交际功能编排所学材料。课文选材全部源自大众传媒(包括缩写但未经改写的文章)。它们可以作为测试材料来训练、发展学生的言语能力。

　　课文前的对话与主课文的主题相关,目的在于根据主题导入并活用基本词汇。

　　语言国情知识注释便于学习者开阔视野,丰富、巩固语言、词汇知识。

　　每课单词表中的生词除了采用双语注释外,还根据其使用频率配上了常用的搭配,旨在帮助学生更准确地理解、掌握和运用所学词汇。

　　而课后练习有利于发展学生口语及书面表达能力。考虑到学生的知识储备水平和实际教学目的,书中练习的顺序可由教师自行调整。

　　本册在补充课文方面选取了与中国的国情文化知识相关的题材。这些内容与主课文的内容密切相关,以便使学习者从不同的角度看待同一个问题,提高学生对中俄两国文化进行对比学习的兴趣。

　　除此之外,本册补充课文和课文前的对话也可以在进行角色游戏时运用,为学习者进行辩论并以此丰富讨论问题的论据提供帮助。

　　本册的单元练习针对俄语专业八级考试编写,内容包括:口语表述、阅读理解、综合知识(语法、词汇和修辞、文学、国情、翻译〈俄译汉及汉译俄〉、写作)。这部分内容也可供日常教学使用。

　　本册主编何文丽,编者Татьяна Андреевна Севастьянова、于洪声、刘倩。单元练习编者为赵为、何文丽。邓军教授对本书进行了审阅。

编　者
2011年4月

УРОК 1 1
   Дотекстовый диалог 1
   Текст Как стать бизнесменом? 3
   Дополнительный текст 13

УРОК 2 15
   Дотекстовый диалог 15
   Текст Зверские трудности перевода 17
   Дополнительный текст Пекинский зоопарк 26

УРОК 3 28
   Дотекстовый диалог 28
   Текст Слова–кентавры наступают 30
   Дополнительный текст 38

УРОК 4 41
   Дотекстовый диалог 41
   Текст Роль жестов, мимики и позы в общении 42
   Дополнительный текст 52

УРОК 5 54
   Дотекстовый диалог 54
   Текст Загадочная русская душа 55
   Дополнительный текст 65

ПОВТОРЕНИЕ 1 68

УРОК 6 82
   Дотекстовый диалог 82

俄语 6

    Текст   Широка... душа моя родная ⋯⋯⋯⋯⋯⋯⋯⋯⋯ 84
    Дополнительный текст
        Обучение и воспитание в Древнем Китае ⋯⋯⋯⋯⋯⋯ 94

УРОК 7 ⋯⋯⋯⋯⋯⋯⋯⋯⋯⋯⋯⋯⋯⋯⋯⋯⋯⋯⋯⋯⋯⋯⋯⋯⋯ 96
    Дотекстовый диалог ⋯⋯⋯⋯⋯⋯⋯⋯⋯⋯⋯⋯⋯⋯⋯⋯⋯ 96
    Текст   Спутники детства ⋯⋯⋯⋯⋯⋯⋯⋯⋯⋯⋯⋯⋯⋯⋯ 98
    Дополнительный текст
        Китайская притча о хрупких игрушках ⋯⋯⋯⋯⋯⋯⋯ 108

УРОК 8 ⋯⋯⋯⋯⋯⋯⋯⋯⋯⋯⋯⋯⋯⋯⋯⋯⋯⋯⋯⋯⋯⋯⋯⋯⋯ 109
    Дотекстовый диалог ⋯⋯⋯⋯⋯⋯⋯⋯⋯⋯⋯⋯⋯⋯⋯⋯⋯ 109
    Текст   Открытое письмо молодому человеку о науке жить ⋯⋯ 110
    Дополнительный текст   Молодёжь Китая ⋯⋯⋯⋯⋯⋯⋯ 120

УРОК 9 ⋯⋯⋯⋯⋯⋯⋯⋯⋯⋯⋯⋯⋯⋯⋯⋯⋯⋯⋯⋯⋯⋯⋯⋯⋯ 122
    Дотекстовый диалог   Прогулка по Санкт-Петербургу ⋯ 122
    Текст   Письма из Русского музея ⋯⋯⋯⋯⋯⋯⋯⋯⋯⋯ 124
    Дополнительный текст
        Музей погребальных статуй воинов и коней ⋯⋯⋯⋯ 133

УРОК 10 ⋯⋯⋯⋯⋯⋯⋯⋯⋯⋯⋯⋯⋯⋯⋯⋯⋯⋯⋯⋯⋯⋯⋯⋯ 135
    Текст   Все самое лучшее —Разговор с психологом ⋯⋯⋯ 135
    Дополнительный текст ⋯⋯⋯⋯⋯⋯⋯⋯⋯⋯⋯⋯⋯⋯⋯ 141

ПОВТОРЕНИЕ 2 ⋯⋯⋯⋯⋯⋯⋯⋯⋯⋯⋯⋯⋯⋯⋯⋯⋯⋯⋯⋯ 144

ИТОГОВЫЙ УРОК ⋯⋯⋯⋯⋯⋯⋯⋯⋯⋯⋯⋯⋯⋯⋯⋯⋯⋯ 158
    Текст   Студент и рациональное использование времени ⋯⋯ 158

СЛОВАРЬ ⋯⋯⋯⋯⋯⋯⋯⋯⋯⋯⋯⋯⋯⋯⋯⋯⋯⋯⋯⋯⋯⋯⋯ 163

УРОК 1

—Задумывались ли вы над тем, что такое счастливый труд?

—Прежде всего, это труд, максимально соответствующий способностям человека, его интересам и склонностям.

—А как узнать свои склонности к определённой профессиональной деятельности?

—На помощь приходят учёные-психологи, психологическая служба системы профориентации.

—А может ли человек самостоятельно выбрать профессию, не прибегая к помощи психологов?

—Найти свою, единственную профессию нелегко. Чаще всего желание заниматься каким-то видом деятельности основывается на внешней привлекательности той или иной профессии, то есть мотивах чисто случайных. Задача психологической службы — обнажить суть профессии, исследовать склонности, способности, возможности молодого человека, дать совет, но ни в коем случае не подсказывать готовое решение.

—Честно говоря, я не совсем понимаю, чем занимается психологическая служба. Как, не зная меня, они могут давать какие-то советы?

—Специалисты по профориентации составили вопросник, который позволяет дифференцировать профессиональную пригодность. Предположим, вы можете выполнять любую работу. Однако если бы пришлось выбирать только из двух возможностей — помогать больным, лечить их или составлять программы вычислительной машины—что бы вы выбрали?

—Это, безусловно, интересно, но ни одна таблица, ни один вопросник не скажет: вот ваше дело, занимайтесь только им!

—Конечно, но я ведь сказал вам, что рекомендации психологов лишь подсказывают, направляют мысль в нужное русло, заставляют задуматься.

—А можно ли идти к выбору профессии методом проб и ошибок?

—Это самый неблагодарный, на мой взгляд, путь. 25 миллионов человек ежегодно меняют место работы. 12% из них возвращаются обратно... Подумайте над этими цифрами. И ещё... К вопросу «кем ты будешь?» надо бы всегда добавлять ещё один вопрос «кто ты уже есть».

—С этим трудно не согласиться. И всё-таки я не совсем понимаю, какие критерии выбора профессии ставятся на первое место?

—К критериям выбора профессии относятся следующие: творить и создавать

俄语 6

новое; постоянно совершенствоваться; социальная значимость профессии; быть полезным людям; пользоваться уважением людей; иметь призвание; реализовать свой физический и умственный потенциал... Каждый человек сам решает, какой критерий для него является наиболее значимым.

СЛОВАРЬ

обнажить [完]; **обнажать** [未]: (что) разоблачить, раскрыть, обнаружив, сделав явным что-н.〈转，书〉暴露，揭露，吐露
  обнажить пороки общества
  Осень обнажила деревья.

дифференцировать [完，未]: (что) расчленить(-нять), различить(-чать) отдельное, частное при рассмотрении, изучении чего-н.〈书〉区别，区分，划分
  дифференцировать заработную плату по условиям труда

рекомендация: совет, пожелание〈书〉建议，劝告
  дать рекомендацию кому-л.; выполнить рекомендации врача

русло: направление, путь развития чего-н.〈转〉轨道，途径
  Беседа вернулась в прежнее русло.

критерий: мерило оценки, суждения〈书〉(判断、评判等的)标准，准则
  найти верный критерий; критерий отношения человека к труду

ВОПРОСЫ К ДИАЛОГУ

Какая проблема обсуждается участниками диалога?

Как вы думаете, кто является участниками этого диалога?

ЗАДАНИЯ

I. Что вы думаете о профессиональных и личных качествах учителя? Допишите в каждую характеристику 4—5 своих примеров.
  Это доброжелательный, чуткий, принципиальный ... человек.
  Его отличает высокий профессионализм, педагогический такт ...
  Он обладает широкой эрудицией, культурой, наблюдательностью ...
  У него есть желание учить детей, передавать свои знания ...
  Его характеризует глубокий интерес к людям, общественной жизни ...
  У него безукоризненная речь, спокойный тон, внимательный взгляд ...

УРОК 1

II. Расскажите о профессиональных качествах людей перечисленных профессий, используя справочный материал. Следите за правильностью управляемых конструкций.

Работа (кого?) отличается (чем?)
(Кто?) должен обладать (чем?)
(Кому?) необходим (необходима, необходимо, необходимы) (что?)

актёр, журналист, врач, юрист, инженер, военный...

особая выдержка, сила воли, хорошая физическая подготовка, широкий кругозор, умение перевоплощаться, отличная профессиональная подготовка...

III. Знаете ли вы русские пословицы о труде? Вставьте недостающие слова, используя слова для справок. Объясните значение пословиц.

Кто не работает, тот не_____.
Дела словом не _____.
Для добра трудиться — есть чем _____.
Всякая работа мастера _____.
Только опыт создаёт настоящего _____.

Слова для справок: похвалиться, есть, мастер, хвалить, заменить

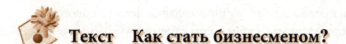

Текст   Как стать бизнесменом?

Что такое «бизнесмен»? Термин происходит от английского слова «businessman» и означает — делец, коммерсант, предприниматель; вообще человек, делающий выгодное дело (бизнес). Значение слова «коммерция» предполагает процесс купли-продажи. В толковом словаре русского языка В. Даля «коммерция» объясняется как торг, торговля. Российским купцам жаловалось почётное звание «коммерции советник». В. Даль не приводит объяснение слова «бизнесмен». Современный словарь русского языка С. И. Ожегова даёт толкование: «бизнесмен в США: делец, предприниматель». Составитель словаря слово «бизнес» понимал так: «то, что является источником личного обогащения, наживы (деловое предприятие, ловкая афера и т. д.)». В годы застоя, когда создавался упомянутый словарь, сами слова «бизнесмен» и «бизнес» звучали или должны были звучать оскорбительно для уха советского человека. В настоящее время ситуация изменилась.

Сегодня мы слово «бизнесмен» определяем как «человек, занимающийся различного рода операциями в области производства и купли-продажи с целью получения определённого дохода». Разумеется, речь идёт об операциях, разрешённых законом.

В области международных экономических отношений торговля является одним из самых древних искусств. К сожалению, наш внутренний рынок беден, скуден и примитивен, его даже нельзя назвать рынком. Он отсутствует. Для его

создания нужно не одно десятилетие. В других странах развита инфраструктура торговли, где человек может найти и купить практически всё, что пожелает. Причём за один и тот же товар (но в зависимости от качества) он может заплатить ту цену, которая ему по карману. В таких условиях работники торговли, бизнесмены, владельцы маленьких и больших магазинов — уважаемые люди, их трудом и умением вести торговлю восхищаются, гордятся.

Можно ли родиться бизнесменом? Да, можно! Если иметь в виду природный талант, дар от бога. Но одного дарования мало. Нужна способность много трудиться. Кажется, **Платону** принадлежат слова: один процент гения и девяносто девять процентов потения! Способность много работать — это тоже дар божий, это необходимое условие гениальности. Способности без труда, равно, как и трудоспособность без таланта — в определённой степени трагедия. Если речь идёт о настоящем бизнесмене, выдающемся мастере своего дела, то им надо родиться. Ведь говорят, что надо родиться, например, Моцартом. А сколько в мире композиторов и не Моцартов?! А ведь они создают музыку, получая за это деньги. То же самое относится к писателям — не все Гоголи, и к математикам — не все **Эйнштейны** и т. д.

Да, великим бизнесменом надо родиться. Вспомните хотя бы такие имена, как **Рокфеллер, Форд, Демидов, Ротшильд** и другие. Таланты в бизнесе, их дела, успехи для многих деловых людей — это путеводные звёзды, своего рода катализаторы при проведении операций, создании чего-то нового.

Человек, который занимается бизнесом, стремится чего-то добиться, рассчитывая на успех. Согласитесь, ведь не каждый из нас готов заняться торговлей, организацией производства. Ведь это очень трудно. Надо занимать деньги, брать кредит, потом платить долг с процентами, пускать деньги в оборот, добиваться прибыли и т. д.

Да, не каждый решится на такой рискованный шаг, а только тот, в котором есть «жилка» коммерческая. Другое дело, что у одних она сильнее развита, у других меньше.

У нас никто не знает, что значит культурно торговать. Слова «торговать» и «воровать» стали почти синонимами. На Западе у бизнесменов имеется «Кодекс поведения бизнесменов», основные его составные — честность и порядочность. Всё остальное — потом. И не дай Бог нарушить их! Заповеди для бизнеса широко известны в западном деловом мире. Они очень просты, поскольку в основе их — десять христианских заповедей, которых должен придерживаться в жизни любой человек.

Положение первое «Относись с уважением к власти. Во всём должен быть порядок. Власть — необходимое условие порядка в обществе. Проявлять уважение нужно на всех уровнях общения. Относиться с уважением только к своему начальнику или к равным по положению людям недостаточно, того же вправе требовать и подчинённые».

Вот любопытные мысли из положения второго «Будь целеустремлённым»: «Разные нации имеют различные нравы и обычаи в бизнесе. В одном регионе

УРОК 1

взятка будет рассматриваться как подарок, в другом — считаться взяткой. Но в любом месте обман — это обман. Поэтому не следует допускать двусмысленных ситуаций, ведущих к осложнениям».

Третье положение «Не разделяй слово и дело». Деловой человек считается деловым, если он умеет держать слово, то есть выполнять свои обещания и поручительства... При деловом общении нельзя произвольно пользоваться значениями слов. На переговорах предпочтительно обходиться словами с чётко определённым смыслом. Речь бизнесмена не должна быть непонятна и тем более... груба. Вульгарный язык вызывает у собеседника негативную реакцию, а также настороженное отношение к говорящему.

Кто хорошо работает, тот хорошо отдыхает. В положении четвёртом сказано: «Прибыль, полученная конторой, зависит не только от эффективного и творческого труда её работников, но и от состояния их здоровья. Нормальный отдых и восстановление сил работников гарантируют конторе высокий доход».

В пятом положении «Оказывай уважение старшим» есть пункт, на который следует обратить особое внимание. Он небольшой по объёму, но какой! «Возраст не является определяющим, и поэтому недопустима дискриминация, основанная на возрасте».

Самое главное для бизнесмена — это, конечно, доброе имя, отменная репутация. В девятом положении «Будь честен и правдив» сказано: «Хорошая репутация — это не только недопустимость и бесчестность лжи, но и помощь другим людям в том, чтобы избежать обмана... Поступай правильно, и хорошая репутация тебе обеспечена».

Система свободного предпринимательства приносит выгоду только тому, кто отдаёт ей все силы. Только дисциплинированный, трудолюбивый, творческий и предусмотрительный человек может получить от работы и удовлетворение, и материальный выигрыш.

Уважение, престиж, благополучие — это результаты работы сил и способностей. Заработная плата и иные вознаграждения — это компенсация затраченных усилий.

Бизнесмен, как многоборец, должен обладать многими качествами. Без сомнения, он должен быть эрудированным. Его отличают прочные знания, полученные в разных учебных заведениях, плюс самостоятельная постоянная работа над собой, а также увлечения чем-то другим помимо своего основного дела. Именно эти качества формируют бизнесмена как индивидуальность. Он отличается от других только тем, что многое вокруг себя он оценивает с точки зрения своего дела, которое он ведёт или представляет.

Можете представить себе человека, который собирается что-то купить или продать, но плохо или вообще не представляет себе предмет сделки, его основные качества, основные характеристики и т. д.? Такие люди, как правило, вряд ли могут рассчитывать на успех. Покупая, они обязательно переплатят, продавая, они недополучат! Иное дело, человек, который прекрасно знает свой предмет. Его доводы могут убедить партнёра совершить сделку. Говоря о предмете, он

обязательно укажет на неизвестные вам свойства предмета, его преимущества по сравнению с другими и т. д.

Знание рынка — **краеугольный камень** любого, сколько-нибудь серьёзного дела. Одного знания предмета недостаточно. Надо обязательно знать, какое место этот предмет занимает на рынке: кому он нужен, где нужен больше всего, в каких количествах производится в мире и по отдельным странам и районам (уровень предложения), объёмы его потребления (уровень спроса). Тщательное изучение спроса и предложения — ключ к пониманию рынка и складывающейся на нём **конъюнктуры**. Знание конъюнктуры — это знание рынка, и наоборот. И когда мы говорим, что данный человек знает рынок, владеет конъюнктурой, это значит, что он:

— прекрасно знает соотношение спроса и предложения;
— определяет основные движущие силы рынка, как они влияют на спрос и предложение;
— видит перспективу развития рынка, может делать прогнозы.

1. **Платон** — древнегреческий философ, учитель Аристотеля.
Точная дата его рождения неизвестна. Следуя античным источникам, большинство исследователей полагает, что он родился в 428 — 427 годах до нашей эры. Около 387 года до нашей эры основал в Афинах первую школу — академию. Учение Платона — первая классическая форма объективного идеализма.

2. **Альберт Эйнштейн** — один из основателей современной теоретической физики, лауреат Нобелевской премии по физике 1921 года. Почётный доктор около 20 ведущих университетов мира, член многих Академий наук, в том числе иностранный почётный член АН СССР. Он разработал несколько значительных физических теорий.

3. **Рокфеллер Джон** — самый богатый человек XX века. Начав с нуля, создал состояние с огромным количеством нулей. Он прошёл весь путь, от простого счетовода до владельца гигантской корпорации. Рокфеллер был не только примером преуспевания, но и благотворительности.

4. **Форд Генри (30 июля 1863 — 7 апреля 1947)** — американский промышленник, владелец заводов по производству автомобилей по всему миру. Его лозунгом было «автомобиль для всех» — завод Форда выпускал наиболее дешёвые автомобили в начале эпохи автомобилестроения. Ford Motor Company существует и по сей день. Генри Форд известен также тем, что впервые стал использовать промышленный конвейер. Книга Форда «Моя жизнь, мои достижения» является классическим произведением по научной организации труда.

5. **Демидов Акинфий Никитич (1678 — 5 августа 1745)** — русский предприни-

УРОК 1

матель из династии Демидовых, сын Никиты Демидова, основатель горнозаводской промышленности на Алтае.

6. **Ротшильд** (нем. Mayer Amschel Bayern Rothschild; 23 февраля 1744, Франкфурт-на-Майне—19 сентября 1812) — основатель международной династии предпринимателей, основатель банка во Франкфурте-на-Майне. Дело продолжили пять его сыновей: Амшель Майер, Соломон Майер, Натан Майер, Кальман Майер, Джеймс Майер. Братья контролировали 5 банков в крупнейших городах Европы (Париже, Лондоне, Вене, Неаполе, Франкфурте–на–Майне).

СЛОВАРЬ

нажива: лёгкий доход, обогащение 轻易得来的钱财;赢利

афера: недобросовестное, мошенническое предприятие, дело, действие 投机骗人的勾当,欺诈行为,非法营利
вовлечь в аферу

оскорбительный: содержащий оскорбление 侮辱的,凌辱的
оскорбительные слова; оскорбительное поведение

примитивный: простейший, несложный по выполнению, устройству 极简单的,结构不复杂的
примитивный инструмент; примитивный человек; примитивный подход к делу

инфраструктура: отрасли экономики, научно-технических знаний, обслуживания, которые непосредственно обеспечивают производственные процессы〈专〉基础设施
инфраструктура города; инфраструктура промышленного производства

владелец: тот, кто владеет чем-н. 占有者;业主,物主
прежний владелец дома

катализатор: вещество, ускоряющее, замедляющее или изменяющее течение химической реакции 催化剂,触媒,接触剂

рискованный: содержащий в себе риск, опасный 冒险的,有危险的
рискованная игра; рискованное дело

жилка: (здесь переносное значение) способность, склонность к какой-н. деятельности〈转〉(热爱或适合某事的)才能,天赋
художественная жилка; организаторская жилка; артистическая жилка; романтическая жилка

синоним: в языкознании — слово (или выражение, конструкция), совпадающее или близкое по значению с другим словом (выражением, конструкцией), напр. «путь» и «дорога» 同义词
В юности любовь и счастье для нас синонимы.

кодекс: совокупность правил, убеждений〈转,书〉(道德、品行、习惯等的)规矩,准则
кодекс законов о труде; уголовный кодекс
Чехов был тонким знатоком нравственного кодекса, самым неустанным его

исполнителем.

заповедь: изречение, содержащее религиозно-нравственное предписание 戒条，圣训

библейская заповедь; соблюдать заповедь

Меня с детства заставляли учить наизусть молитвы и заповеди.

подчинить [完]; подчинять [未]: (кого-что) поставить под непосредственное руководство, передать в чьё-н. непосредственное ведение 使归……直接领导（指挥），使隶属于

подчинить силы природы, подчинить какие-л. цели

взятка: деньги или вещи, даваемые должностному лицу как подкуп, как оплата преступных, караемых законом действий 贿赂

Он взяток не берёт.

поручительство: офиц. ответственность, принимаемая кем-н. на себя в обеспечение обязательств другого лица〈公文〉担保，保证；担保人的责任

дать деньги в долг без поручительства

вульгарный: пошлый, грубый, непристойный 粗野的，粗俗的

вульгарное выражение; вульгарные слова; вульгарный вид; вульгарный человек

компенсация: вознаграждение за что-н., возмещение 补偿，赔偿，抵偿

Всем пострадавшим во время землетрясения была выплачена денежная компенсация.

многоборец: спортсмен, участвующий в многоборье 全能运动员

эрудированный: обладающий эрудицией〈书〉博学的，学识渊博的

эрудированный человек

краеугольный камень: основа, основная идея чего-н. 基础，关键，奠基石

конъюнктура: создавшееся положение в какой-н. области общественной жизни〈书〉局势，情况

политическая конъюнктура

Вы не учитываете хозяйственной конъюнктуры.

ВОПРОСЫ К ТЕКСТУ

(1) Что вы узнали о словах «бизнес», «бизнесмен»? С чем связаны изменения значения данных слов?

(2) Можно ли родиться настоящим бизнесменом? Согласны ли вы с автором текста? Обоснуйте свое мнение.

(3) Что такое «Кодекс поведения бизнесменов»? Назовите его положения. Какое из положений, на ваш взгляд, является наиболее значимым? Обоснуйте свой выбор.

(4) Какими качествами должен обладать бизнесмен? Почему?

(5) Каковы требования к речи бизнесмена?

(6) Какой человек может получить от работы и удовлетворение, и материальный выигрыш? Почему?

УРОК 1

ЗАДАНИЯ

I. Напишите аннотацию данного текста. При написании аннотации используйте справочный материал и образец.

Справочный материал:

Аннотация — это краткая информация об определённой статье, книге, монографии. Текст аннотации включает две части: первая часть отвечает на вопрос: о чём? А вторая — кому? При этом обязательно указывается автор, название, место и год издания.

Образец:

Фразеологизмы в русской речи: словарь–справочник/ составитель Н. В. Баско.— М.: Флинта: Наука, 2007.—272 с.

Словарь включает более 600 наиболее употребляемых фразеологических оборотов русского языка. В словаре также фиксируются новые фразеологизмы, роль которых значительно возросла в языке современных российских СМИ. В словаре даются не только объяснения значений русских фразеологизмов, но также показываются особенности их употребления в речи. В качестве иллюстративного материала используются примеры из современной российской прессы, цитаты из произведений художественной литературы.

Образец:

Статья_____ посвящена проблеме_____. В статье говорится (речь идёт) о _____, приводятся примеры _____, рассматриваются _____. Статья рассчитана на _____.

II. Правильно ли вы понимаете значение слов? Вставьте вместо пропусков слова из таблицы.

репутация	общественная оценка, общее мнение о качествах, достоинствах и недостатках кого-л.
вульгарный	пошлый, грубый, непристойный
конъюнктура	создавшееся положение, обстановка в какой-н. области общественной жизни
инфраструктура	отрасли экономики, обслуживания, научно-технических знаний, которые непосредственно обеспечивают производственные процессы
кодекс	совокупность правил, убеждений
дискриминация	ограничение в правах, лишение равноправия

(1) Наша компания обладает безупречной_____.
(2) Парикмахер быстро загримировал актера, искусно придав ему_____

вид.

(3) Важнейшая тема сегодня — это создание современной _____ российской экономики. Поэтому на ее развитие необходимо направить дополнительные средства.

(4) _____, как явление, носит крайне негативный характер.

(5) Мировая _____ на рынках в целом благоприятна для российских экспертов.

(6) Покупать шампанское стоит только в специализированном магазине, и если вы не специалист по игристым винам, то положитесь на _____ известных производителей.

(7) Я не мог понять, чем мог пленить мою сестру этот некрасивый, _____ вида человек с крохотными глазками.

(8) Широко осуществляются такие виды _____, как более низкая оплата труда женщин, молодежи, ограничение в правах по признакам политических и религиозных убеждений.

(9) Грамотно выстроенная _____ обеспечивает не только надежную поддержку повседневной деятельности компании, но способна стать инструментом для оптимизации бизнес-процессов и освоения перспективных направлений развития.

(10) К сожалению, прошли те времена, когда люди расставались с жизнью, лишь бы не нарушить свой _____, поскольку человек, изменивший своему _____, все равно считался погибшим для общества.

III. Объясните значение словосочетаний: краеугольный камень, путеводная звезда, дар божий, эффективный труд, деловое общение.

IV. Закончите предложение. Выберите правильный вариант из предложенных.

(1) Сегодня слово «бизнесмен» имеет значение_____.

   А. человек, занимающийся различного рода операциями в области производства и купли–продажи с целью получения определенного дохода

   Б. делец, коммерсант, предприниматель

   В. «коммерции советник»

(2) Система свободного предпринимательства приносит выгоду только тому, кто_____.

   А. может обмануть своего партнера, схитрить

   Б. отдает ей все силы

   В. оказывает уважение старшим

(3) Самое главное для бизнесмена — это _____.

   А. заработная плата и иные вознаграждения

   Б. престиж, благополучие

   В. отменная репутация

УРОК 1

（4）Бизнесмен отличается от других тем, что _____.

    А. он знает рынок, владеет конъюнктурой

    Б. многое вокруг себя оценивает с точки зрения своего дела

    В. может убедить партнера совершить сделку

（5）Не каждый готов заняться торговлей, организацией производства, потому что _____.

    А. это очень трудно

    Б. бизнесмен не может отдыхать, у него нет времени на отдых

    В. в нем нет коммерческой жилки

V. Составьте предложения, используя следующие вводные слова и словосочетания.

честно говоря; безусловно; конечно; на мой взгляд; разумеется; к сожалению; кажется; без сомнения; как правило; в определённой степени; мастер своего дела; рискованный шаг; отменная репутация

VI. Переведите словосочетания на русский язык.

心理医疗站；赚钱的事情；买卖过程；取得一定的收入；借助于心理学家的帮助；就业指导专家；编电脑程序；俄语详解词典；荣誉称号；经济萧条；指路的明星；遵循戒律；还债付息；把资金用于周转；商人行为（规范）法；自由经营制；守信；避免欺骗；年龄歧视；付出努力的补偿；不断提高自己；供需关系；熟悉市场行情；市场的推动力；市场发展前景

VII. Переведите предложения на китайский язык.

（1）Изучение русского языка требует от нас большого труда. Как правильно говорил Платон: «один процент гения и девяносто девять процентов потения!»

（2）Не каждый решится на такой рискованный шаг, а только тот, в котором есть «жилка» коммерческая. Другое дело, что у одних она сильнее развита, у других меньше.

（3）Относиться с уважением только к своему начальнику или к равным по положению людям недостаточно, того же вправе требовать и подчинённые.

（4）Прибыль, полученная конторой, зависит не только от эффективного и творческого труда её работников, но и от состояния их здоровья. Нормальный отдых и восстановление сил работников гарантируют конторе высокий доход.

（5）Только дисциплинированный, трудолюбивый, творческий и предусмотрительный человек может получить от работы и удовлетворение, и материальный выигрыш.

（6）Бизнесмен отличается от других только тем, что многое вокруг себя он оценивает с точки зрения своего дела, которое он ведёт или представляет.

VIII. Определите и сопоставьте значения следующих глаголов.

разделять — разделить, выделять — выделить, отделять — отделить, наделять — наделить, уделять — уделить

IX. Прочитайте предложения и обратите внимание на употребление выделенных глаголов.

(1) На международном конкурсе молодых исполнителей популярной музыки первое место ***разделили*** двое исполнителей.

(2) Испанские врачи ***разделили*** сиамских близнецов из Марокко.

(3) В Череповце ***выделяют*** квартиры врачам.

(4) Депутаты городской думы ***выделили*** крупную сумму на благоустройство городских дворов.

(5) В последнее время, когда срок человеческой жизни увеличился, учёные стали ***выделять*** первую и вторую старость. Первая — с 70 лет, а вторая — после 80.

(6) Женщины вручную сортируют весь этот мусор, ***отделяют*** отходы, годные для дальнейшей переработки, и сдают бумагу, железо, пластик в специальные пункты по переработке.

(7) От цели меня ***отделяет*** не более чем два шага.

(8) Зачастую мы ***наделяем*** определённого человека теми качествами, которыми он не обладает.

(9) Его Бог ***наделил*** умом.

(10) Законы, определяющие деятельность соответствующих государственных органов, ***наделяю***т их должностных лиц правом требовать от граждан и должностных лиц исполнения определенных действий.

(11) Наш институт ***уделяет*** много внимания разработке правовых норм, составляющих основу государственной системы обеспечения безопасности дорожного движения.

(12) LG Electronics ***уделяет*** большое внимание рынку Малайзии.

X. Переведите предложения на русский язык.

（1）当工作与人的能力、兴趣、爱好完全相符时,他就会全身心投入其中。
（2）无论如何都不要忘记:没有健康的身体,我们将一事无成。
（3）把什么样的择业标准放在首位？这是大学生需要认真思考的问题。
（4）国产彩色电视机降价了,即使平民百姓也能买得起。
（5）他们是值得尊敬的人,我们很欣赏他们经商的能力和付出的劳动。
（6）诚实守信这是每个人都应该遵循的行为准则。商人尤其要如此。
（7）除了自己的本职工作外,他还对其他的一些事情感兴趣,如集邮。
（8）只凭借强烈的愿望,你们未必能够达到预期目的。
（9）他独特的谈判艺术可以说服合作伙伴完成交易。
（10）了解市场、掌握行情的人,更容易接近成功。

XI. **Напишите статью «Как стать переводчиком?». В статье постарайтесь указать, какими профессиональными качествами должен обладать хороший переводчик. Есть ли у переводчиков «Кодекс»? Сформулируйте основные положения этого «Кодекса».**

Господин Чэнь Чжиган — один из самых известных китайских бизнесменов в Санкт-Петербурге, президент многопрофильного холдинга INTERNATIONAL BROTHERS TRADE Co., владелец петербургских ресторанов «Пекин», «Конфуций», «Гонконг» и сети бистро «Чайна таун».

— **Чем вам интересен ресторанный бизнес?**

— Это моё хобби, поскольку здесь есть место для творчества. Во всех наших заведениях китайская кухня, но при этом они не похожи друг на друга. «Пекин» — чисто национальный ресторан по оформлению, даже персонал одет в национальные костюмы. «Гонконг» — заведение в европейском стиле, но в китайском духе: драконы на креслах, китайские вазы по углам, сочетание красного и жёлтого при общем интерьере в стиле модерна. Ресторан «Конфуций» внешне прост и лаконичен, как учение этого великого мыслителя. «Чайна таун» — новый шаг в отношении китайской кухни. Это первая в России сеть китайских бистро с ресторанным качеством блюд и дизайна, но с демократичными ценами.

— **Каково ваше личное участие в работе ресторанов?**

— В первом ресторане я всё делал сам: и заказы принимал, и посетителей обслуживал. Специально прошёл все этапы, чтобы почувствовать все участки бизнеса. Зато теперь, когда смотрю данные по выручке за день, точно знаю, как обслуживали гостей. Сегодня моя главная работа — контроль.

— **Создавая меню, приходится ли подстраивать китайскую кухню под традиционные вкусовые пристрастия россиян?**

— В России мы предлагаем именно традиционную китайскую кухню, её здесь давно знают и любят.

— **Как вы оцениваете русскую кухню? Не думали об открытии заведений с русской кухней в Китае?**

— Мне нравится русская кухня, считаю, что я в ней разбираюсь. Открытие русских ресторанов в Китае — перспективный бизнес. Но сейчас нет времени заниматься этим проектом — много работы здесь: не весь потенциал исчерпан, не все местные идеи реализованы.

— **Говорят, что напористые китайцы используют Петербург для своего бизнеса как «окно в Европу». Не хотите открыть рестораны в Европе?**

— Сегодня Европа не так привлекательна, интереснее работать на развивающемся рынке — перспектив больше. В России больше шансов для развития бизнеса, тем более теперь, когда рубль перестал быть деревянным, а

экономика стабилизировалась.
— Каковы ваши ближайшие планы?
— Предлагают открыть «Чайна таун» в Мурманске. Почему бы и нет?!

ЗАДАНИЯ К ТЕКСТУ

I. Как вы думаете, есть ли в Чэнь Чжигане природный талант, дар от Бога? Обоснуйте своё мнение.

II. Разыграйте следующую ситуацию. Вы подали заявление Чэнь Чжигану с просьбой о приёме на работу и вас пригласили на собеседование.

III. Вы очень хотите, чтобы вас приняли на работу, вам очень хочется принять участие в открытии «Чайна таун» в Мурманске. Ваша задача состоит в том, чтобы показать свою компетентность, желание работать. Подумайте: как вы войдёте, как поздороваетесь, что скажете в начале и в конце беседы. Какую концепцию «Чайна таун» вы можете предложить. Руководителю фирмы нужен хорошо подготовленный, коммуникабельный, ответственный работник.

УРОК 2

 Дотекстовый диалог

— Интересно, а когда появились зоопарки? И зачем?

— Идея зоопарков родилась давным-давно, в древних культурах Китая, Ближнего Востока и затем Римской империи. Люди начали путешествовать и обнаружили животных и растения, которых раньше никогда не видели и о которых ничего не слышали. Путешественники рассказывали своим соотечественникам о том, что они увидели. А правители стран (императоры, султаны, короли) хотели доказать друг другу, насколько они богаты и сильны. Одним из способов это сделать было создание зверинцев.

— Значит, зоопарки появились только с одной целью — способ демонстрации богатства и силы сильных мира сего?

— Не только. В зоопарках люди могли увидеть животных, которых раньше никогда не видели. Поэтому сначала в зверинцах было ограниченное число животных. Это были, как правило, львы, медведи, жирафы, тигры и другие.

— Но сегодня у людей появилось больше возможностей путешествовать. Кроме того, по телевидению можно посмотреть много интереснейших передач о животных. Ходить в зоопарк необязательно.

— Сегодня зоопарки служат важной цели: изучить и рассказать людям о животных, с которыми мы разделяем Землю. Кроме того, в зоопарках сохраняются подвергаемые опасности животные...

— А я люблю отдыхать в зоопарке. Не случайно зоопарк так называется. У него есть название «парка», то есть в любом зоопарке есть парковая зона, место для отдыха посетителей.

— А я не люблю ходить в зоопарк. Грустно смотреть на животных в клетках. В ограниченном пространстве животным тяжело. У них наступают сбои в их психическом здоровье и атрофируются мышцы. Наблюдаются симптомы, сходные с подобными у людей, когда они сходят с ума. Я недавно прочитала в газете заметку о животных, содержащихся в зоопарках. Нередки случаи преждевременной гибели животных в зоопарках. В статье приводились страшные цифры. В 1991 году в зоопарках мира родились 25 азиатских львов — 22 из них умерли. В том же самом году появились и 166 гепардов, из которых 112 умерли...

— Да, грустно всё это. Я знаю, что в мире существует фонд «Рождённые свободными», который помогает сотням тысяч животных.

— Этой проблемой озабочены и зоопарки. Ты знаешь, что наш Московский зоопарк возник как своего рода эксперимент по обеспечению выживаемости редких животных из разных природных зон.

— Я слышал об этом. Но в те времена, когда появился Московский зоопарк (а произошло это в 1864 году), решить эту проблему было трудно.

— Сегодня у работников зоопарков всё-таки больше возможностей создать благоприятные условия для проживания их питомцев.

— Что значит благоприятные?

— Значит, аналогичные естественным, природным. Для животных строятся просторные вольеры. Иногда в вольер помещают разных животных. Видел, у нас дружно вместе живут жирафы, зебры и чёрная антилопа, несмотря на разный темперамент. И даже пищу животным приходится добывать как в естественных условиях. Жирафам еду развешивают на верхних ветках деревьев в корзинах. А в клетки к тиграм в качестве добычи бросают мячики, коробки, пахнущие копытными. Звери с интересом их обнюхивают, часами гоняют по клетке, утоляя таким образом охотничий инстинкт.

— Может быть, ты и прав...

СЛОВАРЬ

жираф: африканское жвачное животное с очень длинной шеей и длинными ногами 长颈鹿

подвергнуть [完]; подвергать [未]: (кого-что чему) сделать предметом какого-н. действия, оказаться в каком-н. положении (обычно неприятном, опасном и т.п.) 使……遭受到,使……经受;对……加以……
подвергнуть свою жизнь опасности; подвергнуть виновного наказанию

атрофироваться [一、二人称不用] -руется [完, 未]: подвергнуться(-гаться) атрофии 〈书〉萎缩,衰退
Мышцы атрофировались.
Воля атрофировалась.

мышца: орган тела человека и животных, состоящий из ткани, способный сокращаться 肌肉

симптом: внешний признак, внешнее проявление чего-н. 症状,症候;征兆
симптомы приближения кризиса

питомец: (чей或 кого-чего) книжн. чей-н. воспитанник 〈书〉由……培养的人,被……抚养大的
питомцы университета

вольер = вольера: площадка для содержания животных, ограждённая металлической сеткой (напр., в зоопарке)(用铁栅栏围着的)养禽场,兽栏
просторный вольер; жить в вольере

зебра: дикая африканская полосатая (чёрная со светло-жёлтым) лошадь 斑马

антилопа: название разных видов парнокопытных жвачных млекопитающих семейства полорогих (серны, сайгаки, джейраны и др.) 羚羊,羚羊科

копыто: роговое образование в конце ноги у некоторых млекопитающих 蹄

УРОК 2

инстинкт: врождённая способность совершать целесообразные действия по непосредственному, безотчетному побуждению⟨生物⟩本能
инстинкт самосохранения; бороться с инстинктом стяжательства; подчиняться инстинкту настоящего художника

ВОПРОСЫ К ДИАЛОГУ

Какая проблема поднята в диалоге?

Как вы к ней относитесь?

ЗАДАНИЯ

I. Запомните следующие прилагательные и глаголы.
Проблема (какая?) актуальная, трудная, важная, спорная, основная, нерешённая, острая, житейская, научная, жгучая, номер один.

ставить/поставить
обсуждать/обсудить
изучать/изучить ⟶ Что? Какую проблему?
решать/решить
поднимать/поднять

II. Прокомментируйте фразы. Как эти фразы соотносятся с содержанием диалога и текста?
 (1) Ты в ответе за тех, кого приручил.
 (2) Человечность определяется не по тому, как мы обращаемся с другими людьми. Человечность определяется по тому, как мы обращаемся с животными.

III. Продолжите: Если бы я был(а) директором зоопарка, ...

Текст   Зверские трудности перевода

Ежегодно со всех концов мира в Московский зоопарк прибывают новые животные. Немцы, англичане, французы, чехи, голландцы и даже японцы. И со всеми нужно найти общий язык — объяснить, похвалить, пожурить, приласкать, дать команду. Скажешь новоприбывшему тигру–бюргеру «кис-кис», он ведь не поймёт! Ещё бы, откуда ему знать столь простонародное обращение. Чтобы животные-иностранцы не чувствовали себя гостями столицы, им в буквальном смысле преподают русский язык. Какие же языки понимают питомцы в Московском зоопарке?

Как себя чувствуют люди, попадая в чужую страну, где все говорят на абсолютно незнакомом языке? Уж явно не в своей тарелке. Животным, путешествующим из зоопарка в зоопарк, ещё сложнее. Чтобы зверушка не чувствовала себя совсем уж несчастной и растерянной, как правило, с ней приезжает кипер (от слова keep — держать, содержать), то есть человек, который за ней ухаживал в родном зоопарке. Он некоторое время живёт с бывшим питомцем, стараясь, чтобы переезд доставил ему как можно меньше стресса. А ведь новенькому нужно не просто привыкнуть к обстановке, но и научиться понимать язык той страны, куда приехал. Вот и приходится зоологам выступать в роли учителей русского языка. Главные «полиглоты», которые требуют внимания, — человекообразные обезьяны.

— С ними нужно разговаривать много, и разговоры эти являются, конечно, монологами, из которых обезьяны понимают главное — эмоциональный настрой человека, — объясняет заведующая отделом «Приматы» Варвара Мешик. — Из наших разговоров обезьянам понятны и требования, и уговоры, и сожаления, и поощрения, и ласки. Но, несмотря на богатый эмоциональный подтекст, всё же к некоторым русским словам их приходится приучать.

В первую очередь зоологи смотрят, как зовут обезьянку. У некоторых на родном языке такие клички — мама не горюй! Например, недавно с острова Ява пришёл орангутанг по прозванию Сандакан. Поначалу сотрудники честно пытались выговорить сложное имя, разбавляя его ласковой приставкой darling, а потом решили, что несолидно новоиспечённому москвичу так зваться. Сандакан стал Санечкой, а через некоторое время имя трансформировалось в Шурика. И ничего, отзывается. А пару лет назад из Кёльна приехал лемур Бао. Когда зоологи к ней пригляделись, то поняли, что самке эта кличка ну никак не подходит. Лемурчик выглядел как настоящая... Софа! Ещё одному лемуру англичане присвоили строгое имя Глэдис. После некоторых языковых манипуляций он превратился в Глашеньку.

— У нас есть набор слов, в основном на английском и немецком, которые мы используем для общения с новыми животными, — говорит Варвара Александровна. — Они несложные, и их знают все наши сотрудники.

Общение с приматами сводится к следующему. Каждое утро животных приглашают перейти в другую клетку — меньшую по размерам. Там они получают вкусненькое. А в это время в их основном жилище проводят уборку. «Come on, sweety girl», — хвалят после того, как обезьянка выполнила задание. Всё-таки главную роль здесь играют не слова, а интонация. Когда одинаково ласково произносится похвала по-английски и по-русски, животному это приятно.

Обезьяны на 100 процентов чувствуют настроение людей, поэтому общаться с ними надо осторожно. Ни в коем случае не насмехаться и даже не подшучивать,

УРОК 2

если у них что-то не получилось — ни по-английски, ни по-русски. Например, не получилось у неё завязать узелок из верёвки. Только попробуйте снисходительно улыбнуться или обозвать питомца дурачком — тут же закусит от обиды губу и отвернётся. Зато промурлыкаешь орангутангу песенку oh my baby how beautiful you are — он и обрадуется.

Кстати, две гориллы, которые сейчас нянчат своего первенца, тоже приехали к нам из-за границы. Самка — из Швейцарии, самец — из Германии. Девочка быстро научилась понимать русские команды, а вот мужчина долго смотрел на зоологов с недоуменным видом, будто вопрошая «Шпрехен зи дойч?» Сотрудницы днями и ночами корпели над англо-немецким словарём, чтобы найти с упрямым бюргером общий язык. Подучили и немецкий! «Sehr gut», подбадривали будущего главу семейства, когда он находил спрятанное в вольере лакомство и с победоносным видом клал его в рот. «Хорошо, очень хорошо», — вторили следом. Как показывает практика, через год обезьяны свой родной язык забывают и отлично понимают по-русски. Но если вдруг в зоопарк приезжает иностранная делегация и разговаривает рядом с клеткой на родном для животных наречии, то звери с интересом прислушиваются и даже издают одобрительные звуки.

Если животные из Московского зоопарка отправляются за границу, то на новом месте их тоже ожидают уроки иностранного языка. По правилам путешественников также сопровождает «свой» человек, который приласкает на чужбине. Столичные зоологи помнят, с какой печалью и в то же время надеждами отправляли в Англию всеобщую любимицу — орангутана Джоли. От крошки отказалась мама, и сотрудники зоосада выкармливали её сами. У такого животного переезд мог вызвать серьёзный стресс, поэтому в Москву ещё до депортации приехал будущий кипер Джоли Майк. Чтобы завоевать любовь питомицы, он выучил несколько русских слов и на англо-русской смеси сюсюкался с обезьянкой, а потом в компании двух русских девушек и самой подопечной отправился на родину. В Англии от Джоли не отходили ни на шаг. Через две недели русские вернулись домой, а через месяц малышка перешла на английский.

Не всем животным зоопарка преподают русский язык. С тремя азиатскими слонами, несмотря на то, что они живут в столице России уже 25 лет, наши сотрудники общаются исключительно на английском! В детстве животные пережили изнурительное путешествие, во время которого с ними на каких только языках не говорили.

История такова — в середине 80-х вьетнамские власти решили преподнести в подарок Кубе слонят из Лаоса. Малыши, с рождения понимающие только по-вьетнамски, прибыли в полном здравии на новое место жительства, как вдруг оказалось, что недальновидные вьетнамцы привили питомцев от ящура. А на Кубе животных с такими прививками не принимают. Детёнышей на специально оборудованном для них корабле отправили в Ленинград, а уже оттуда в гостеприимную Москву. Сопровождали их уже испаноговорящие зоологи, утешающие блуждающих по морям-океанам зверей на языке **Сервантеса**. Шатания по миру заняли больше года! В результате этого путешествия слонята

превратились в настоящих полиглотов. Вот только на их физическом состоянии дорожная жизнь сказалась не лучшим образом. Истощённых зверей московские зоологи еле откачали и решили, что переучивать на русский манер не будут. Тогда ведь никто не знал, куда судьба забросит скитальцев через пару лет. А по международным требованиям животные должны понимать команды на английском языке. Теперь новые сотрудники учат не только свои обязанности, но и английский язык.

Любимая команда наших слонов — trunk up, что означает «хобот вверх». Услышав это, гиганты радостно задирают хоботы и ждут, когда сотрудники положат им на язык лакомство. Привык к «сладкой» команде и слонёнок.

— Правда, малышке пробовать взрослую пищу пока нельзя, — рассказывает заведующий секцией млекопитающих Евгений Давыдов, — зато мы угощаем её кусочками сахара.

О том, что её пришли баловать, крошка пока что понимает и без слов. Увидит, что в вольер зайдёт мужчина — со всех ног бежит к нему в надежде, что у него в кармане сахарок. И оказывается права! А вот женщины лакомством её не балуют. Первое время дочка Пипиты не делала разницы между полами и со свистом неслась к любому вошедшему, затормаживая перед ним, и с надеждой в глазах задирала хобот. Сотрудницы зоопарка к такой прыти отнеслись с опаской — того и гляди не успеет затормозить 300-килограммовая тушка. Слонёнок понял, что от дам ожидать угощения не придётся, и теперь подходит к ним за лаской осторожнее.

Иногда команда trunk up применяется и в медицинских целях. Если у слонов расстройство желудка, то им кладут таблетку. Если животные слышат lift, то знают — сейчас будут делать педикюр. У слонов на стопах время от времени начинают появляться наросты, которые нужно предупреждать, расчищая трещинки. Другое любимое слово гигантов — down. Тогда они ложатся на землю и предвкушают массаж: сотрудники либо почистят им спинки, либо просто ласково погладят.

Маленькую слониху в силу детского возраста командам пока не обучают. Но когда она подрастёт, то с ней тоже будут разговаривать только по-английски. Ведь рано или поздно ей предстоит поменять место жительства на другой зоопарк, и, возможно, заграничный.

КОММЕНТАРИИ

Сервантес Сааведра 塞万提斯 [с'е; тэ;вэ], Мигель де [дэ] (1547—1616) — испанский писатель. Известен как автор одного из величайших произведений мировой литературы — романа «Дон Кихот».

СЛОВАРЬ

пожурить [完]; **журить** [未]: (кого-что) делать кому-н. лёгкий выговор, слегка бранить〈口〉轻轻地数落,责备
журить шалуна

бюргер: в Германии и некоторых других странах: городской житель〈旧〉(德、奥等国的)城市居民,市民阶层

стресс: вызванное каким-н. сильным воздействием состояние повышенного нервного напряжения, перенапряжения(精神)过度紧张

полиглот: человек, знающий много языков 通晓多种语言的人

поощрение: то, чем поощряют, награда 表扬,奖励,奖赏
дать поощрение; поощрение в виде торта

кличка: имя домашнего животного(家畜的)名字

остров Ява: 爪哇岛(印度尼西亚)

орангутанг: крупная человекообразная обезьяна 猩猩

новоиспечённый: шутл. недавно сделанный, недавно ставший кем-н.〈口,谑〉刚做出来的; 初出茅庐的
новоиспечённый проект; новоиспечённый студент

Кёльн: 科隆(联邦德国)

лемур: небольшой зверёк — полуобезьяна с длинным хвостом и удлинёнными задними конечностями 狐猴

самка: особь женского пола животных 雌,牝,母的(指动物)
самка лося

приматы: отряд высших млекопитающих (люди, обезьяны и полуобезьяны)〈转〉灵长目(人、猴、狐猴)

промурлыкать [完]; **мурлыкать** [未]: о кошках: тихо урчать〈口〉猫发出呼噜声
промурлыкать знакомый мотив

горилла: крупная человекообразная обезьяна, живущая в центральной Африке(生活在中非的)大猩猩

нянчить [未]: (кого-что) ухаживать за ребёнком 照看,照料(孩子)
нянчить внучат

корпеть [未]: разг. (над чем 或无补语) усердно, терпеливо и долго заниматься чем-н.〈口〉专心致志地从事
корпеть над диссертацией

выкормить [完]; **выкармливать** [未]: (кого-что) кормя, вырастить 喂大,养大
выкормить младенца

депортировать [完, 未]: (кого-что) изгнать (-гонять), удалить (-лять) из страны 将……驱逐出境‖〈名〉депортация
депортировать из страны; депортация целых народов

сюсюкаться [未]: (с кем) нянчиться, возиться, как с маленьким〈口,不赞〉过分迁就, 过分张罗
Мать сюсюкается со своим малышом.

подопечный: состоящий под чьей-н. опекой〈公文，口〉被保护的，被监护的
подопечное лицо

изнурительный: истощающий силы 极其消耗精力的；繁重的
Крестьянский труд изнурительный.

ящур: заразное заболевание крупного рогатого скота, а также свиней, овец, коз 口蹄疫

привить: (кому) сделать прививку 接种（疫苗）‖〈名〉прививка

истощённый: дошедший до полного истощения, свидетельствующий об истощении 非常虚弱的；衰竭的；贫瘠的
истощённый старик; истощённый вид

откачать [完]; откачивать [未]: (кого-что) привести в чувство, вернуть к жизни（用人工呼吸等方法）救活（落水的人），课文中指把虚弱的动物救活
откачать утопающего

скиталец: человек, который постоянно скитается〈书〉漂泊者，流浪者

хобот: у слонов: нос в виде длинного трубообразного отростка（象的）长鼻子

задрать [完]; задирать [未]: (что) поднять кверху〈口〉掀起，撩起；仰起，抬起，挺起，仰起，举起
задрать хвост; задрать голову (разг.); задрать нос (разг.)

слонёнок: детёныш слона 幼象

млекопитающее: высшее позвоночное животное, выкармливающее детёнышей своим молоком 哺乳动物

избаловать [完]; баловать [未]: (кого-что) относиться к кому-н. с излишним вниманием, потворствуя всем желаниям, прихотям 娇生惯养，溺爱，娇纵；以礼物取悦……
Сами родители избаловали ребёнка.

прыть: быстрота в беге 快速

затормозить [完]; тормозить [未]: (что и без доп.) замедлять или останавливать движение тормозом 制动，刹车，放慢速度
затормозить поезд; затормозить дело

тушка: освежёванное и выпотрошенное тело убитого небольшого животного, птицы, рыбы 胴（小动物及禽类屠宰后褪毛去脏腑及四肢）
замороженная тушка; тушка трески

педикюр: уход за ногтями на ногах и срезывание мозолей 修脚，剜除脚上的鸡眼
сделать педикюр; красивый педикюр

нарост: опухоль, ненормальное увеличение в какой-н. части растения, животного организма（动、植物肌体上的）赘生物；瘤，瘿
наросты на стволе берёзы; мозольные наросты

трещина: щель, узкое углубление на поверхности 裂口，裂缝，裂纹‖〈小〉трещинка
Вся земля в трещинах.

предвкусить [完]; предвкушать [未]: (что) ожидая, представляя себе что-н. приятное, заранее испытывать удовольствие 预感到（某种快乐，享受）*предвкушать радость свидания*

УРОК 2

ВОПРОСЫ К ТЕКСТУ

(1) Почему животных, живущих в зоопарке, необходимо обучать иностранному языку?
(2) Почему животных обучают английскому языку?
(3) Кто такой кипер? Чем он занимается?
(4) Каковы правила общения с обезьянами?
(5) Как научить животное иностранному языку? Какой метод обучения самый эффективный?
(6) Как подбирают имена для животных?
(7) Какие команды любят слоны и почему?
(8) Почему сотрудницы зоопарка не балуют слонёнка лакомствами?

ЗАДАНИЯ

I. Объясните значение следующих слов и словосочетаний.
найти общий язык; полиглот; прибывать в полном здравии; простонародное обращение; эмоциональный подтекст; недальновидный; депортация

II. Прочитайте предложения. Определите значение фразеологизма «не в своей тарелке» и придумайте свои предложения с ним.
(1) В этом доме я был впервые, никого не знал и чувствовал себя **не в своей тарелке**.
(2) Алексей Николаевич, вы простите меня. Я **не в своей тарелке** и говорю не то, что хочу.
(3) Признаться, я сам чувствую себя иногда **не в своей тарелке**, если несколько дней подряд не приходится прыгать с парашютом.
(4) Я тогда плохо спал, терялся аппетит. В этом доме я всегда чувствовал себя **не в своей тарелке**, хотелось скорее уйти.

III. Закончите предложения, используя информацию из текста.
(1) Животных обучают английскому языку, потому что (чтобы) ...
(2) С обезьянами надо общаться осторожно, потому что ...
(3) Животное может обидеться, если ...
(4) Животных, путешествующих из зоопарка в зоопарк, сопровождает кипер, который (чтобы) ...
(5) Звери с интересом прислушиваются и даже издают одобрительные звуки, если ...

IV. Переведите словосочетания на китайский язык и правильно употребите их в речи.

Ближний Восток; Римская империя; способ демонстрации богатства и силы; ограниченное число животных; подвергаемые опасности животные; место для отдыха посетителей; смотреть на животных в клетках; богатый эмоциональный подтекст; создать благоприятные условия для проживания; попадать в чужую страну; охотничий инстинкт; завязать узелок из верёвки; эмоциональный настрой человека; глава семейства; прибыть на новое место жительства; дорожная жизнь; расстройство желудка; делать педикюр

V. Прочитайте предложения и составьте свои предложения с выделенными конструкциями.

(1) Сегодня зоопарки **служат важной цели**: изучить и рассказать людям о животных, с которыми мы разделяем Землю.

(2) Этой проблемой **озабочены** и зоопарки.

(3) А в клетки к тиграм **в качестве** добычи бросают мячики, коробки, пахнущие копытными.

(4) Чтобы животные-иностранцы не чувствовали себя гостями столицы, им в **буквальном смысле** преподают русский язык.

(5) Вот и приходится зоологам **выступать в роли** учителей русского языка.

(6) Обезьяны **на 100 процентов** чувствуют настроение людей, поэтому общаться с ними надо осторожно.

(7) Увидит, что в вольер зайдёт мужчина — со всех ног бежит к нему в **надежде, что** у него в кармане сахарок.

(8) Чтобы **завоевать любовь** питомицы, он выучил несколько русских слов и на англо-русской смеси сюсюкался с обезьянкой.

(9) Гориллу из Германии хвалили, когда он находил спрятанное в вольере лакомство и **с победоносным видом** клал его в рот.

(10) А **пару лет назад** из Кёльна приехал лемур Бао.

VI. Составьте квалификационные требования к зоологу, работающему в зоопарке.

VII. Составьте небольшой словарь на русском языке для зоологов.
Подумайте, какие слова, словосочетания и предложения должны войти в него.
Правила составления словарной статьи:
— Заглавное слово
— Грамматическая зона (указание окончания в родительном падеже (ед. число); указание родовой отнесённости слова — для существительного; указание родовых окончаний, краткие формы (если есть) — для прилагательных; указание окончания 1 и 2 лица ед. числа, 3 лица множественного числа, с помощью вопросительных слов указываются виды управлений.

— Толкование значения
— Иллюстрации (примеры, цитаты)
— Словообразовательное гнездо

Образец:
гулять, -ю, -ешь, -ют. совершать прогулку. **С кем?** Гулять с детьми. **Где?** Гулять по городу, по парку, в саду.

VIII. **Определите и сопоставьте значения глагола звать с разными приставками.**
зазывать — зазвать, вызывать — вызвать, призывать — призвать (призыв), созывать — созвать (созыв), прозывать — прозвать (прозвище), обзывать — обозвать, отзывать — отозвать (отзыв), позвать, взывать — воззвать, подзывать — подозвать, назвать — называть

IX. **Прочитайте предложения и обратите внимание на употребление выделенных глаголов. Составьте свои примеры с данными глаголами.**

(1) Известный производитель детских товаров Graco *отзывает* 2 миллиона детских колясок после гибели нескольких младенцев из-за несовершенства конструкции.
(2) Самая большая ошибка в воспитании ребенка: *обзывать*, давать клички.
(3) Сначала она медленно, как бы желая продлить наслаждение, записывала больных в тетрадку, потом *вызывала* каждого по очереди.
(4) Более 8 тысяч молодых москвичей планируется *призвать* на военную службу в период весеннего призыва 2010 года.
(5) Израильский парламент принял решение *созывать* референдум по каждому случаю спорных территорий.
(6) Возможно русская фамилия Головачев образована от имени или прозвища Головач. Головачем могли *прозвать* ребенка, имевшего большую, чем у других детей голову, но могли так *прозвать* и взрослого за выдумки.
(7) Чтобы *зазвать* иностранных специалистов, без которых не провести модернизацию, Россия готова решительно упростить миграционное законодательство.
(8) Когда режиссёр *позвал* его на роль Гамлета, он, не задумываясь, бросил театр Ленсовета и приехал в Москву.
(9) Совесть способна *взывать* к нашим чувствам так же, как она взывает к нашему разуму.
(10) Раньше *подозвать* официанта щелчком пальцев считалось нормальным, сейчас же это *вызывает* раздражение и может замедлить обслуживание.
(11) Работа ведётся, но срок её завершения *назвать* невозможно, пока не поступят необходимые средства.

X. Переведите предложения на русский язык.
(1) 在有限的空间里，动物们很难受，经常会出现一些和人精神失常时相似的症状。
(2) 这些国家的统治者想彼此证明自己的富有和强大，因此就建动物园。
(3) 世界上有一家"天生自由"基金会，它可以救助几十万种动物。
(4) 在东北虎林园，老虎就像在自然的环境下一样摄取食物。
(5) 不管怎么说这里起主要作用的不是词，而是语调。
(6) 如果你宽容地向猴子微笑或叫它小傻瓜，它就会生气地咬嘴唇。
(7) 按照国际惯例的要求，动物园里的动物应该明白用英语发出的指令。
(8) 在这个自然保护区，稀有动物的存活率在逐年上升。
(9) 每年都有很多来自世界各地的游客观看哈尔滨的冰灯、冰雕。
(10) 人们用专门的设备把这些动物运送到莫斯科，陪伴它们的是操西班牙语的动物学家。

XI. Выпишите из текста названия животных и запомните их.

XII. Расскажите историю какого-нибудь животного, о котором вы прочитали в тексте.

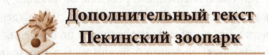

Дополнительный текст
Пекинский зоопарк

Пекинский зоопарк расположен в западной части Пекина. Он получил известность вскоре после основания КНР как Парк Западных Окраин. Подобно многим пекинским паркам, территория зоопарка имеет вид классических китайских садов. Здесь сочетаются искусственные насаждения цветов и заросли естественных растений, густые рощицы деревьев, участки лугов, небольшой ручей, пруды с лотосами и небольшие холмы, усыпанные павильонами и вольерами.

Пекинский зоопарк в основном представляет диких и редких животных Китая. Дикая панда является одним из наиболее посещаемых животных. Китайские панды настолько редкие животные, что не каждый, даже крупный зоопарк мира, может позволить себе иметь таких животных. По сделанным ранее прогнозам к 2000 году в природе не должно было остаться ни одной большой панды. Однако сразу после образования КНР китайское правительство стало предпринимать меры по их защите. Создано 32 заповедника, есть государственный научный центр, занятый их спасением. Благодаря усилиям человека, сегодня насчитывается около 1000 панд.

Интересная деталь — изображение панды является официальным символом Всемирного фонда дикой природы. Поэтому изображение симпатичного животного сегодня можно встретить в самых разных уголках нашей планеты — от тропических лесов Амазонки до вечных льдов Антарктики. Оно является одним из

УРОК 2

самых узнаваемых на планете изображений.

Среди других популярных зверей — сычуанская золотая коротконосая обезьяна, манчжурские тигры, белогубая лань, тибетские яки, огромные морские черепахи... Из других стран привезены: из Африки — жираф, носорог и чёрный орангутанг; из Австралии — кенгуру и австралийские попугаи; из Мексики — бесшерстные собаки; из Индии — слоны и гиббоны.

Строения зоопарка занимают площадь более 50 тысяч квадратных метров.

Изначально названный Сад десяти тысяч животных, зоопарк был построен в 1908 году. Растения и животные выращивались ещё во времена династии Цин (1644—1911), когда парк был известен как Дом Принца Foot Kang ann. После основания КНР он был реконструирован и переименован в Парк Западных Окраин. В 1955 году было принято официальное название — Пекинский зоопарк.

На сегодняшний день в Пекинском зоопарке содержится 7000 животных 600 различных видов со всего мира.

ЗАДАНИЯ К ТЕКСТУ

I. Ответьте на вопросы по тексту.
(1) Где находится Пекинский зоопарк?
(2) Когда он был основан?
(3) Каких популярных животных можно увидеть в Пекинском зоопарке?

II. Коротко перескажите текст.

III. Придумайте и напишите рекламное объявление о Пекинском зоопарке. Представьте его.

Правила составления эффективной рекламы

Самая важная часть рекламы — **заголовок** и/или **первое** предложение рекламного текста. Успешные рекламные заголовки должны звучать как **обещания** — прямые или подразумеваемые. Например, обещание показать, сэкономить или достичь... Заголовок может звучать как **призыв**. «Вы будете объектом зависти окружающих!!!» Психологи утверждают, что каждый хочет, чтобы о нём думали лучше.

Используйте местоимение «**вы**» в тексте рекламы. Чем чаще, тем лучше. **Нобходимо** перечислить **выгоды**, которые можно получить. Какие могут быть выгоды? Свободное время, здоровье, красота, знание, популярность и т. д. Язык рекламы должен быть простым и ясным. Не забудьте указать **адрес** и **телефон**.

УРОК 3

Дотекстовый диалог

— По наблюдениям многих филологов, в последние годы на российскую культуру и её языковую среду всё большее влияние начинает оказывать шквал языковых штампов, которые получили название «рунглиш».

— Ой, а что это такое?

— Это слова и словосочетания, пропитанные самыми разными англицизмами нового поколения молодых россиян. Новой языковой нормой становится общение посредством SMS, когда молодые люди шлют своим «герлам» и «френдам» приглашение **«надринькаться»**, сходить в «данс» либо просто **«тусануться»** на Бродвей».

— А разве это плохо? Термин «рунглиш» ввели в обиход российские космонавты. Этим словом они называли язык, на котором разговаривали на орбите со своими американскими коллегами по **МКС**, а также с космическими туристами из разных стран.

— С одной стороны, это неплохо. Но сегодня бурное расширение англицизмов внутри русского языка привело к тому, что разные части общества ещё не перестали понимать друг друга, но уже близки к взаимному раздражению друг другом.

— Интересно, существует ли подобная проблема в других странах? Или это особенность современной российской действительности.

— Нет, сначала от засилья американских слов и выражений начали страдать ещё с 50-х годов прошлого века европейские страны. Первыми программу «культурного противостояния» разработали Франция и Германия. Они приняли такое законодательство о национальном языке, которое крайне строго относится к иностранным заимствованиям и регламентирует их. Во Франции, Германии, Италии и Скандинавских странах в разной мере не допускается использование иностранных слов в торгово-рекламных текстах и минимизируется в **СМИ**.

— Это разумный путь, на мой взгляд. По нему должна пойти и Россия.

— Может быть. Программу по искоренению английских заимствованных деловых и технических терминов сегодня принимают разные страны — Польша, Иран, Португалия.

— Я недавно в газете прочитал, что президент Венесуэлы в 2008 году объявил кампанию по искоренению английских заимствованных деловых терминов. В ходе кампании издаются плакаты, наклейки и значки с призывом к гражданам Венесуэлы: «Говори по-испански!»

УРОК 3

— Но иногда происходят и казусы. Так, в Иране, где иностранные заимствования заменяют персидскими словами, пиццу теперь рекомендуется называть эластичной лепёшкой, а слово «чат» менять на короткий разговор.

КОММЕНТАРИИ

надринькаться — (от to drink — пить) — напиться
тусануться (жаргонизм) — проводить время в какой-нибудь компании.
Тусовка — группа людей, объединённых общим занятием, интересом. Тусовка может быть политической, литературной, актёрской, журналистской.
МКС — Международная космическая станция
СМИ — средства массовой информации

СЛОВАРЬ

Бродвей: （美国纽约）百老汇大街
раздражение: вызванное чем-н. состояние досады, недовольства 强烈不满，气氛，愤恨
  нервное раздражение; раздражение кожи
засилье: (кого-чего или чьё, какое) вредное, подавляющее влияние кого/чего-н. на ход жизни, дел 把持，支配，控制，统治
  засилье обывателей
Скандинавские страны: 斯堪的纳维亚半岛国家
Португалия: 葡萄牙
Венесуэла: 委内瑞拉
казус: сложный, запутанный случай 复杂的事，意外的事，头绪纷繁的事
  Произошёл небольшой казус.
эластичный: упругий и гибкий; растяжимый 有弹力的，弹性的
  эластичный бинт; эластичная кожа

ВОПРОСЫ К ДИАЛОГУ

Какая проблема обсуждается участниками диалога?
Выскажите свою точку зрения на данную проблему.

Текст   Слова–кентавры наступают

Читаю газеты. «Участники *саммита* пришли к *консенсусу*...» «В *бутиках* большой выбор одежды...» «*Имидж* политика» *киллеры, наркокурьеры*...

Слушаю радио. «Вот что рассказал нашему корреспонденту автор нового *римейка*...»

Диктор телевидения сообщает: «Первые *транши* были переведены в *офшорные* зоны...»

Что за напасть? Откуда столько слов–кентавров, которым приделаны «русские ноги»? Почему такое обилие иноязычных слов в средствах массовой информации? В последние два десятилетия поток иноязычных заимствований, главным образом английских, усилился, и один из известных наших русистов — Виталий Костомаров — назвал его не потоком, а потопом. Общественность обеспокоена обилием американизмов в нашей речи, и кое–кто считает, что это угрожает самобытности русского языка.

Попробуем разобраться, насколько «законны» многие новые заимствования, нельзя ли найти им соответствующие русские замены. Да и сам процесс иноязычного влияния на наш язык — насколько он естествен и необходим, не перешёл ли он в последние годы разумных границ?

Поток или потоп?

Почти для каждого языка процесс заимствования слов из других языков вполне естествен и обычен. Тем не менее и к самому этому процессу, и в особенности к его «результатам» — иноязычным словам — носители языка относятся с изрядной долей подозрительности: зачем что–то брать у других, разве нельзя обойтись средствами родного языка?

Иноязычное слово нередко ассоциируется с чем–то идеологически или духовно чуждым, даже враждебным. Как это было, например, в середине XX века, когда в пылу борьбы с «низкопоклонством перед Западом» велено было писать и говорить вместо **бульдозер** — **тракторный** *отвал*.

Игру футбольных команд стали называть не *матчем*, а *встречей*, радиопередачи об этих встречах надо было называть не *репортажами*, а *рассказами*...

Бывают в истории общества и другие времена — когда преобладает более терпимое отношение к внешним влияниям и, в частности, к заимствованию новых иноязычных слов. Таким временем можно считать конец XX — начало XXI века, когда возникли такие политические, экономические и культурные условия, которые определили предрасположенность российского общества к принятию новой и к широкому употреблению ранее существовавшей, но специальной иноязычной лексики.

У всех на слуху многочисленные термины, относящиеся к компьютерной технике, — *компьютер*, **дисплей**, *файл, интерфейс, принтер* и многие другие. Многие из них были заимствованы давно, но были в ходу преимущественно среди

УРОК 3

специалистов. Однако по мере развития информационных технологий узкоспециальная терминология выходила за пределы профессиональной среды и начинала употребляться в прессе, в радио и телепередачах, в речи граждан.

Иноязычные названия видов спорта, новых или по-новому именуемых, — *кикбоксинг, фристайл, скейтборд* — тоже вошли в нашу жизнь. Англицизмы пробивают брешь и в старых системах наименований. Так, добавочное время при игре в футбол или в хоккей всё чаще именуется *овертайм*, повторная игра после ничьей — *плей-офф*...

И в менее специализированных областях человеческой деятельности происходит активное заимствование новой и расширение сферы употребления ранее заимствованной иноязычной лексики. Широко используемы сейчас слова *имидж, презентация, номинация, спонсор, видео, шоу*. И их производные — *видеоклип, видеотехника, видеосалон; шоу-бизнес, ток-шоу, шоумен, дискотека, диск-жокей* и множество других.

Надо ли оправдать использование всех этих заимствований, признать их вполне «законными»?

При ответе на этот вопрос необходим учёт ряда обстоятельств, имеющих лингвистическую и социальную природу. Семантическое и функциональное разграничение иноязычного и исконного слов, синонимичных или близких по смыслу — одна из причин укоренения заимствования в языке. Не **протестуем** же мы против употребления слов **паника, комфорт, рентабельный**, а ведь некогда они были синонимами слов *страх, уют, доходный*. По мере укоренения этих слов в русском языке у них сформировались дополнительные — по сравнению с их русскими параллелями — смысловые компоненты. Паника — это не просто страх, а «крайний, неудержимый страх, сразу охватывающий человека или многих людей», комфорт — «условия жизни, пребывания, обстановка, обеспечивающие удобство, спокойствие и уют», рентабельный — «оправдывающий расходы, не убыточный, доходный».

Другая причина укоренения иноязычного заимствования заключается в том, что «чужое наименование» оказывается короче собственного, русского, как правило, описательного, состоящего из нескольких слов. Так, в русском языке укоренились заимствования *снайпер* — вместо *меткий стрелок; сейф* — вместо *несгораемый шкаф; спринтер* — вместо *бегун на короткие дистанции*. Закрепляются и некоторые совсем недавние нововведения: *саммит* (англ. sammit буквально — вершина, верх) вместо *встреча в верхах; римейк* (англ. remake — переделка) вместо *новая версия* ранее снятого фильма и другие.

Как видим, иноязычное слово редко дублирует значение русского. В подавляющем большинстве случаев между ними имеется смысловое различие, на которое накладывается ещё и различие функционально-стилистическое. Иноязычный элемент часто является термином, а его русская параллель — обычным, общеупотребительным словом. Сравните такие пары: *бартер — обмен, консенсус — согласие, дискриминация — ограничение, транш — доля, инвестиция — вложение* и т. п.

Как относиться к невиданной прежде активизации употребления иноязычных слов?

Лингвисты уже неоднократно обращали внимание на то, что язык представляет собой саморазвивающийся механизм, действие которого регулируется определёнными закономерностями. В частности, язык умеет самоочищаться, избавляться от функционально ненужного. Это происходит и с иноязычными словами. В словаре «Редкие слова в произведениях авторов XIX века» можно найти иноязычные слова — *официалист* (чиновник), *экскузация* (отговорка), *эллеферия* (свобода). Сейчас этих слов нет, они исчезли из употребления, хотя в своё время по поводу уместности некоторых из них, нужности их для русского языка шли жаркие споры.

Подобная судьба ждёт и некоторые нынешние модные американизмы, чьё заимствование не оправдано ни семантически, ни функционально. В качестве примера можно привести англоязычные междометия типа **вау, упс** или **опс,** которые распространились в последнее время, преимущественно в речи молодёжи. Дело в том, что разного рода «коммуникативная мелочь» — союзы, частицы, предикативные наречия и в особенности **междометия** — составляет наиболее специфичную и консервативную часть каждого национального языка и с трудом пропускает в свой круг «чужаков». Так что все эти *вау* и *упс* едва ли займут место исконных *Ой!*, *Вот это да!* и других.

Иногда чуть ли не в приказном порядке предлагают заменять иноязычные слова русскими. Искать русские соответствия заимствований, конечно, необходимо, особенно в сферах публичного использования русского языка — в газете, на радио и телевидении, в выступлениях государственных и общественных деятелей. Подчас исконное слово лучше передаёт нужный смысл, чем иностранное. Очевидно, например, что слово *эксклюзивный* дублирует смысл русского прилагательного *исключительный*. Стало быть, надо вывести его из употребления как сорняк? Но не всё так прямолинейно происходит в нашем языке. Например, нередко осмеивавшееся в прошлом слово *водомет* — прекрасный синоним заимствованного *фонтан*. А чем весьма выразительное и прозрачное по своей структуре слово *окоём* хуже греческого по своим корням термина *горизонт*? Однако судьбе и русскому языку угодно было сохранить иноязычные слова, а не исконные. Тем не менее поиски русских соответствий иноязычным словам — насущная задача. Не надо только превращать эти поиски в обязательное правило. Иначе мы рискуем вернуться к временам Владимира Даля, предлагавшего тротуар называть *топталищем*, а бильярд — *шаротыком*.

кентавр — в древнегреческой мифологии: получеловек-полуконь — существо с туловищем коня, головой и грудью человека

УРОК 3

СЛОВАРЬ

бульдозер: приспособление у трактора в виде рамы с широким ножом для земляных работ, а также трактор с таким приспособлением 推土机
работать на бульдозере

трактор: самоходная машина для тяги (напр., сельскохозяйственных орудий) 拖拉机 ‖ 〈形〉тракторный

дисплей: устройство, отображающее на экране (в виде текстов, чертежей, схем) информацию, полученную от ЭВМ, экранный пульт 〈专〉(计算机的)显示器
На экране дисплея появилась надпись.

опротестовать [完]; протестовать [未]: (против чего-н.) заявлять протест, выражать несогласие 抗议, 表示反对
протестовать против несправедливости
Отдал деньги, не протестуя.

паника: крайний, неудержимый страх, сразу охватывающий человека или многих людей 惊慌, 惊恐
впасть в панику; поддаться панике; сеять панику

комфорт: бытовые удобства〈书〉(日常生活上的)舒适, 适意
психологический комфорт

рентабельный: оправдывающий расходы, не убыточный, доходный 赢利的
рентабельное хозяйство

междометие: в грамматике—неизменяемое слово, выражающее какое-н. непосредственное чувство, напр., ах, ох〈语法〉感叹词

дублировать [未]: выполнять что-н. сходное, одинаковое, параллельно с другим 重复, 仿效
Вы дублируете нашу работу.

сорняк: сорное растение (农作物中的)杂草, 莠草
выполоть сорняки

тротуар: пешеходная дорожка по сторонам улицы вдоль домов 人行道
широкий тротуар; идти по тротуару

бильярд: игра на специальном столе, при которой ударами кия шары загоняются в лузы 台球
сыграть в бильярд

ВОПРОСЫ К ТЕКСТУ

(1) О каком процессе в языке рассказывает автор?
(2) Каков этот процесс, по мнению автора? А каково ваше мнение?
(3) Почему в языке появляются заимствованные слова? Назовите причины.
(4) Можно ли обойтись без заимствованных слов?
(5) Какие изменения происходят в значении заимствованных слов?

（6）Как относиться к невиданной прежде активизации употребления иноязычных слов?

ЗАДАНИЯ

I. **Составьте словарные статьи для следующих слов.**
саммит, консенсус, бутик, имидж, компьютер, дисплей, файл, интерфейс, принтер, эксклюзивный

примечание: Смотрите Урок 2, задание VII

II. **Согласитесь или опровергните следующие суждения.**
（1）Процесс заимствования обогащает язык.
（2）Заимствования угрожают самобытности русского языка.
（3）Необходимо искать русские соответствия заимствований.
（4）Не надо превращать поиски русских соответствий иноязычным словам в обязательное правило.
（5）Использование заимствованных слов следует признать вполне «законным».

III. **Прочитайте текст. Выделите фразу, которая содержит главную мысль всего текста.**

Дорогие друзья!

Если вы хотите быть счастливы, благополучны, уравновешены, спокойны, уверены в себе, вооружитесь добрыми словами. Да, время бывает «недоброе», «смутное», «переломное», но какими будем мы, люди, зависит от нас, наших мыслей, слов и поступков.

Наша память хранит многое. Мы желаем вам не помнить злых, недобрых слов — ведь злость сама по себе несчастье; а о прошедшем сохранять только добрые воспоминания — ведь в этом своеобразная гигиена души.

Мы желаем вам добрых слов.

Прежде всего, в семье. Не хлебом единым, не только материальным достатком жив человек, но семья держится на любви и добром слове.

Тем, кто собирается создать семью, — тоже желаем добрых слов, потому что материальные трудности пережить можно, но злое, худое слово — нельзя.

Мы желаем вам добрых слов на работе. Если вы хотите, чтобы вас неформально уважали, чтобы с вами считались, мы желаем вам строить ваши речевые отношения так, чтобы ваши слова были всегда уместны, не обижали, а радовали.

Мы желаем вам добрых слов, хорошей речи везде: в транспорте, если кто-то толкнул кого-то или наступил на ногу, не надо желать пожилой женщине ездить в такси; а в магазинной очереди не будем воспринимать соседа как противника — взглянем не в газету, а друг на друга и облегчим

УРОК 3

ситуацию добрым словом и улыбкой.

Пусть умение говорить поможет нам прийти к жизненному успеху.

Словом, пусть вас окружают добрые речи и от вас исходит доброе человеческое слово. А хорошее слово — половина счастья!

Да здравствует всё доброе, что мы сказали друг другу и скажем!

IV. Дополните предложения, используя информацию текста.
(1) Мы желаем вам не помнить недобрых слов, так как ...
(2) Если вы хотите быть счастливы, благополучны, уверены в себе, ...
(3) Пусть ваши слова никого не обидят, ибо ...
(4) Да здравствует всё доброе, так как ...
(5) Если вы хотите, чтобы вас уважали, ...

V. Соберите пословицы из слов. Как вы понимаете данные пословицы? Знаете ли вы китайские пословицы о слове и речи? Проверьте себя по ключу.
(1) Слово, каждый, место, свой.
(2) Сказать, немногие, слова, уметь, многое.
(3) Вернее, говорить, смелее, быть.

VI. Познакомьтесь с устойчивыми словосочетаниями, в составе которых есть существительное «слово». В какой ситуации их можно употребить?

Вначале было слово (книжн.) — утверждение примата мысли, разума, воли.
К слову сказать (вводн. сл.) — то же, что кстати.
Не то слово! (разг.) — реплика, выражающая одновременно подтверждение и мысль о необходимости более сильной, категорической оценки.
Слов нет (вводн. сл.) — конечно, это так, но ...
в двух словах — очень кратко.

VII. Переведите словосочетания на китайский язык.

языковая среда, языковая норма, космический турист, бурное расширение англицизмов, российская действительность, культурное противостояние, законодательство о национальном языке, разумный путь, перейти разумные границы, изрядная доля, низкопоклонство перед Западом, составлять специфичную и консервативную часть, государственный и общественный деятель, добавочное время при игре в футбол, насущная задача

VIII. Составьте предложения со следующими словами или словосочетаниями.

по наблюдениям (кого), ввести (что) в обиход, в частности, (что) у всех на слуху, в подавляющем большинстве случаев, по поводу (чего), чуть ли не, стало быть

IX. Определите и сопоставьте значения глагола вести с разными приставками.

вводить — ввести (введение), выводить — вывести,
приводить — привести, подводить — подвести, уводить — увести,
отводить — отвести, сводить — свести, доводить — довести,
переводить — перевести, взводить — взвести, возводить — возвести,
проводить — провести, заводить — завести, наводить — навести,
низводить — низвести, обводить — обвести, разводить — развести,
сводить — свести

X. Прочитайте предложения и обратите внимание на употребление выделенных глаголов. Переведите предложения на китайский язык.

(1) Какие услуги вы планируете *вводить*? — В ближайшее время мы планируем *ввести* онлайн-регистрацию (это бесплатная услуга)...

(2) Благодаря современным технологиям пластырь *выводит* токсины более эффективно.

(3) Эта технология может *привести* к быстрым успехам уже в обозримом будущем.

(4) Продолжающееся наступление хозяйственной деятельности на леса горных районов Западной Европы *привело* к учащению катастрофических наводнений и засухи.

(5) Прежде чем *завести* собаку, подумай, сможешь ли ты ухаживать за ней. Ведь выбор, приобретение, воспитание щенка и уход за ним — дело очень ответственное.

(6) Белым контуром Зима лист рябины *обвела*.

(7) Ты *обвела* меня вокруг пальца, я знаю, что ты играла со мной. (обвести вокруг пальца — фразеологизм, обмануть)

(8) Жаркое лето всех *сводит* с ума.

(9) Размышляя об итогах российского киногода (общемировые киноитоги мы надеемся *подвести* отдельно), одновременно приходишь в полувосторг и полуотчаяние...

(10) В центре занятости населения *подводят* итоги — что сделано, какие программы удалось реализовать, какие оставляют желать лучшего исполнения.

(11) И Егор Кириллович снизошел, вернее сказать — с дивана его *низвели* два гайдука огромного роста.

(12) В приусадебном пруду рекомендуется *разводить* раков.

(13) *Доводить* этот вопрос до опасной черты не следует никому, ибо закончиться всё может большой кровью.

(14) *Уводили* тебя на рассвете,
За тобой, как на выносе, шла,
В темной горнице плакали дети,
У божницы свеча оплыла. (Ахматова)

УРОК 3

(15) *Уведу* тебя, украду,
Очарую тебя, околдую.
Сколько хочешь я звезд подарю,
Чтоб любить и лелеять такую.

(16) Глава МВД *отвёл* участковым роль прототипа «для формирования морального облика сотрудника полиции».

(17) Инспекторы Госпожнадзора *провели* в учреждениях культуры проверки и обнаружили многочисленные нарушения.

(18) Рабочая группа будет *проводить* заседания поочередно в России и Саудовской Аравии для обсуждения вопросов оказания содействия двустороннему сотрудничеству в области нефти и газа.

(19) Если вы обрабатываете изображение под web, сначала приведите его к нужному размеру, а лишь затем *наводите* резкость...

(20) В центре Петербурга *возводится* новая достопримечательность. Будем надеяться, что этот объект действительно *возводят* на века благодаря тому, что он будет построен из материалов высокого качества.

(21) Молодой человек бросил свою машину, перегородив движение, выбежал на проезжую часть и *перевёл* старушку через дорогу.

XI. Вместо пропусков вставьте подходящий по смыслу глагол из задания IX.

(1) Докладчик ... интересную статистику в защиту своей гипотезы.

(2) Специалисты нашей компании ... стены вашего загородного дома, коттеджа или любого другого здания.

(3) Как встретить Новый год? Куда пойти и ... ребёнка?

(4) Надо сказать, что работает Настя хорошо и меня почти не ...

(5) Просыпаясь, твержу: «Так ... мосты над Невой. Так резные пролеты парят над лиловой водою. Петербургский закат. Ни души в небесах, ни звезды. Только белые чайки».

(6) ФНС России ... до сведения налогоплательщиков письмо Минфина России.

(7) Я с усилием ... глаза от такого прекрасного лица.

(8) Ох, как хотелось ... мне душу и в даль уйти от жизненных проблем.

(9) Северная Корея ... новые ракетные испытания.

(10) Россия впервые перешла на «летнее» время в 1917 году. На сегодняшний день примерно в трети стран мира часы ... дважды в год.

(11) Снотворное обычно принимают внутрь, но иногда его ... внутривенно.

(12) Польша завершила свою военную миссию в Ираке и ... свои войска.

(13) Города превращены в руины, транспорт и связь ... до уровня начала века.

(14) Оружие можно... любой рукой, и в случае необходимости вручную закрывать затвор.

(15) Ну, а с хулиганством нужно разбираться, как полагается, ... порядок. Если люди не слышат призывов, то нужно власть употребить.

XII. Переведите предложения на русский язык.
(1) 随着通讯技术的发展，人们经常通过短信进行交流、祝贺节日。
(2) 随着美国词汇和表达法的泛滥，最先受到影响的是欧洲国家。
(3) 法国、德国、意大利和斯堪的纳维亚半岛国家在不同程度上禁止在商业和广告词中使用外来词。
(4) 社会舆论也为我们日常言语中大量充斥的美国词而担忧，有人认为这已经威胁到俄语本身的独特性。
(5) 外来词经常使人联想到那些思想或精神方面格格不入的，或者是敌对的东西。
(6) 随着信息技术的发展，高度专业化的术语突破了专业范围，开始在媒体、广播、电视节目、百姓的言语中使用。
(7) 是否需要证明所有这些外来词是正确的，承认它们是合法的？
(8) 引进外来词的另一个原因在于，通常"人家的名称"比俄语中原有的词简短，而这些俄语词是由几个词组成的。
(9) 往往外来词是术语，而俄语中与其平行的词则为普通的通用词。
(10) 现在有些词已经不再使用，曾几何时围绕它们的使用问题展开了激烈的争论。

XIII. Напишите сочинение на тему: Пути (способы) обогащения лексики.

Дополнительный текст

Современное китайское письмо и по форме и по способу применения настолько отлично от нашего, что мы с большим трудом проникаем в его сущность. Все знают распространённое выражение «китайская грамота», которое невольно вырывается, когда сталкиваешься с чем-то, что постичь крайне трудно или невозможно.

А письменность эта уникальная и самая древняя из всех, которыми пользуется человек нашего времени. И сохранилась она лишь потому, что имела особый путь развития.

Период, когда Китай объединялся в централизованную империю и строилась Великая китайская стена. В это время, в 211 году до нашей эры, была проведена реформа китайской письменности, которая упорядочила иероглифы и ввела единую для всей страны систему письма.

К тому времени китайское письмо представляло собой сложившуюся идеографическую систему. Каждый иероглиф обозначал отдельное слово.

Звучащий китайский язык своеобразен и прихотлив. В нём особое значение имеет тональность, повышение или понижение высоты звука. Эта особенность китайского языка с трудом улавливается иностранцами. Один и тот же набор звуков в зависимости от того, в какой тональности он произносится, имеет совершенно разный смысл.

Ещё одна особенность китайского языка: в нём полностью отсутствуют грамматические формы и категории, он не имеет грамматики. Зато есть синтаксис, отличный от нашего. Порядок слов в предложении жестко определён. Один и тот же иероглиф может быть и глаголом, и существительным, и прилагательным. Всё зависит от того, какое место иероглиф занимает в предложении.

За четыре тысячелетия китайский язык не изменил серьёзно своей структуры. Значительно изменилась лишь форма начертания знаков. Конечно, расширился словарный состав, но принципы словообразования и построения предложений остались теми же.

Китайский иероглиф строится из девяти первоначальных штрихов. Их комбинация составляет всё разнообразие иероглифических знаков. Некоторые штрихи повторяются в одном знаке по два–три раза. Эволюция формы иероглифа связана в первую очередь с материалом, на котором его воспроизводили. Когда писали на шелке тонкими бамбуковыми палочками, легче было чертить линии и прямые, и кривые, одинаковой величины. Огромное влияние на рисунок знаков оказала кисточка для письма, сделанная из волоса.

Умение красиво писать считалось в Китае самым высоким искусством. Созданы поэмы, посвящённые искусству каллиграфии, разработано множество предписаний относительно удлинения, укорачивания, соединения отдельных линий письменных знаков. Существует даже понятие «квадратное расположение». Это значит, что каждый иероглиф вписывается в квадрат. Искусные каллиграфы, изобретатели новых почерков, имели славу не меньшую, чем крупнейшие художники, писатели и поэты. Возникло множество вычурных и труднопонимаемых почерков с образными названиями: «письмо головастиков», «письмо звёзд», «письмо драконов», «письмо облаков».

Очень важной вехой для развития рисунка иероглифа стало изобретение бумаги. Первую бумагу изобрёл Цай Лунь — учёный-конфуцианец и крупный государственный чиновник. Это произошло в 105 году нашей эры. Рано возникло в Китае и книгопечатание.

Современный китайский язык — один из самых распространённых в мире. На нём говорит почти миллиард человек. Китайское иероглифическое письмо как нельзя лучше соответствует структуре языка, не имеющего грамматических форм. Удобно передавать иероглифами и сходно звучащие слова, разнящиеся лишь высотой тона.

Такова она, «китайская грамота», — своеобразный синоним мудрености и непостижимости.

ЗАДАНИЯ К ТЕКСТУ

I. Озаглавьте текст.

II. Составьте план текста и перескажите текст по составленному плану.

III. Вы работаете преподавателем китайского языка как иностранного. Вас пригласили выступить с докладом о китайском языке и его особенностях на конференции. Подготовьте доклад, используя справочный материал.

Научный доклад — это устное сообщение о постановке определённой проблемы, о ходе исследований, о его результатах.

Чтобы активизировать слушателей, в докладах используются формы диалогической речи: мы с вами рассмотрели, как я уже говорил(а), итак, к сожалению, интересно отметить, совершенно очевидно, как видите, может быть, в заключение я хотел(а) бы отметить, на мой взгляд, по моему мнению, во-первых, во-вторых, следовательно... Важными структурными элементами устного научного выступления являются его начало и конец.

Справочный материал

Китайский язык сегодня является одним из наиболее распространённых языков мира. По распространённости с ним может соревноваться разве что английский язык и немного испанский язык.

На этом языке издаются миллионы книг, сотни специализированных журналов и сотни тысяч Интернет-сайтов. Это язык самой интенсивно развивающейся экономики в мире и крупнейшего экономического партнёра России.

Это язык Конфуция и Лао-Цзы. Это язык древнейшей традиционной медицины и методов оздоровления.

Ключ:
Каждому слову своё место.
Умей сказать многое в немногих словах.
Говори смелее — будет вернее.

УРОК 4

Дотекстовый диалог

— Знаете ли вы, что такое «невербальное общение»?

— Многие слышали эту фразу, но не каждый из нас понимает, что она обозначает.

— Невербальное общение — это неречевая форма общения, включающая в себя жесты, мимику, позы, тембр голоса, визуальный контакт, прикосновения.

— А зачем нам нужно об этом знать? Мне кажется, эти знания нужны только специалистам: педагогам, психологам.

— Извините, но я с вами не соглашусь. Временами с помощью этих средств можно сказать больше, чем с помощью слов. Кроме того, политиков и презентаторов учат языку жестов, и явные промахи они совершают редко.

— Зачем?

— Любые невербальные средства коммуникации — это знаки, несущие определённую информацию. Их называют «футболками с надписями». Может быть, вы полагаете, что таковых у вас нет? Хмурый неулыбчивый мужчина в строгом пиджаке с резким голосом и тяжёлой походкой так же ярко сверкает своей надписью «лучше делайте, как я говорю», как и человек с вечно опущенными плечами и уныло озабоченной физиономией — своей надписью «смотрите, как мне не везёт».

— А я давно заметил, что уверенного в себе человека выдаёт закладывание рук за спину с захватом запястья.

— От этого жеста следует отличать жесты «руки за спиной в замок». Он говорит о том, что человек расстроен и пытается взять себя в руки. Именно от этого жеста пошло выражение «взять себя в руки». Даже манера курить указывает, как собеседник относится к сложившимся обстоятельствам: положительно или отрицательно.

— Как это?

— Прежде всего, нужно обращать внимание на направление, в котором тот выпускает дым изо рта — вверх или вниз. Положительно настроенный, уверенный в себе человек будет выпускать дым вверх постоянно. Негативно настроенный человек, со скрытыми или подозрительными мыслями, будет почти всегда направлять струю дыма вниз. А вот выдыхание дыма через ноздри — это признак высокомерного, уверенного в себе человека.

— Это очень интересно. Попробую проверить всё услышанное на практике.

— Пробуйте, но помните, что нельзя делать скоропалительных выводов по

одному единственному телодвижению собеседника. Ждите, когда о состоянии его скажут и другие сигналы. Не подгоняйте под наблюдение уже сложившееся первое впечатление.

СЛОВАРЬ

визуальный: воспринимаемый зрительно 〈专〉（用肉眼或利用光学仪器）目视
визуальная оценка; визуальное наблюдение
промах: оплошность, неудача〈转〉失策，失算，失败
стрелять без промаха; указать на промахи в работе; крупный промах
запястье: часть кисти руки, прилегающая к предплечью 腕，腕关节
скоропалительный: слишком поспешный, непродуманный〈口〉仓促的，匆忙的，太快的
скоропалительное решение; скоропалительный брак

ВОПРОСЫ К ДИАЛОГУ

Определите тему диалога.
Что вы знаете о невербальном общении?

Текст   Роль жестов, мимики и позы в общении

> *В речи имеют значение три вещи — кто говорит, как говорит, что говорит.*
> *Из этих трёх вещей наименьшее значение имеет третья.*
>
> *Лорд Морли*

Разговаривая друг с другом, люди для передачи своих мыслей, настроений, желаний наряду с вербальными (словесными) используют жестикулярно-мимические средства. Учёные считают, что при общении невербальные средства преобладают, их используется 55% или даже 65%, а вербальных, соответственно, 45% или 35%. Учёные обнаружили и зафиксировали почти миллион невербальных сигналов. По подсчётам одного из специалистов, только с помощью рук человек может передать 700 000 сигналов. Язык мимики и жестов выражает чувства говорящего, показывает, насколько участники диалога владеют собой, как они в действительности относятся друг к другу.

Мимика позволяет нам лучше понять оппонента, разобраться, какие чувства он испытывает. Так, поднятые брови, широко раскрытые глаза, опущенные вниз

кончики губ, приоткрытый рот свидетельствуют об удивлении; опущенные вниз брови, изогнутые на лбу морщинки, прищуренные глаза, сомкнутые губы, сжатые зубы выражают гнев.

Для каждого участвующего в беседе, с одной стороны, важно уметь «расшифровывать», «понимать мимику» собеседника. С другой стороны, необходимо знать, в какой степени он сам владеет мимикой, насколько она выразительна.

В связи с этим рекомендуется изучить и своё лицо, знать, что происходит с бровями, губами, лбом. Если человек привык хмурить брови, морщить лоб, то ему надо отучиться собирать складки на лбу, расправлять почаще нахмуренные брови. Чтобы мимика была выразительной, рекомендуется систематически произносить перед зеркалом несколько разнообразных по эмоциональности (печальных, весёлых, смешных, трагических, презрительных, доброжелательных) фраз, следить, как изменяется мимика и передаст ли она соответствующую эмоцию.

О многом может сказать и жестикуляция собеседника.

В русском языке существует немало устойчивых выражений, которые возникли на базе свободных словосочетаний, называющих тот или иной жест. Став фразеологизмами, они выражают состояние человека, его удивление, равнодушие, смущение, растерянность, недовольство, обиду и другие чувства, а также различные действия. Например: опустить голову, вертеть головой, поднять голову, покачать головой, развести руками, опустить руки, махнуть рукой, положа руку на сердце, приложить руку, протянуть руку, погрозить пальцем, показать нос.

Не случайно, в различных риториках, начиная с античных времён, выделялись специальные главы, посвящённые жестам. Теоретики ораторского искусства в своих статьях о лекторском мастерстве также обращали особое внимание на жестикуляцию.

По своей функции жесты делятся на указательные, изобразительные, эмоциональные, ритмические, механические. Особый интерес представляют символические жесты. Они условны. Но некоторые из них имеют вполне определённое значение. Так известен жест отказа, отрицания — отталкивающие движения рукой или двумя руками ладонями вперёд. Этот жест сопровождает выражение: Не надо, не надо, прошу вас; Никогда, никогда туда не поеду!

Жест разъединения — ладони раскрываются, «разъезжаются» в разные стороны: Это совершенно разные темы; Это надо различать; Они разошлись.

Жест объединения, сложения, суммы — пальцы соединяются или соединяются ладони рук: Они хорошо сработались; Давайте объединим усилия.

Жесты, как и слова, бывают очень экспрессивными, придают речи грубоватый, фамильярный характер. Такими жестами, например, считаются: поднятый большой палец, когда остальные сжаты в кулак, как высшая оценка чего–либо; кручение пальцем около виска, что означает «из ума выжил», «разума лишился». Следует учитывать, что жестикуляция обусловлена и характером говорящего. Некоторые люди от природы подвижны, эмоциональны. Естественно, говорящий с таким характером не может обойтись без жестов.

Другому же, хладнокровному, спокойному, сдержанному в проявлении своих чувств, жесты не свойственны. Лучшим жестом считается тот, которого не замечают, который органически сливается со словом и усиливает его воздействие на слушателей. Государственным служащим, преподавателям, юристам, врачам, менеджерам, продавцам, то есть всем, кто по роду своей деятельности часто общается с людьми, важно знать, что мимика и жесты могут многое рассказать о характере человека, его мыслях, переживаниях. Например, древние китайцы, торговавшие драгоценными камнями, внимательно смотрели в глаза покупателю. Они знали, что при восторге, радости зрачки увеличиваются, а при раздражении, недовольстве, гневе — значительно сужаются. Лидер по натуре, здороваясь, подаёт руку ладонью вниз, а мягкий, безвольный человек — ладонью вверх.

Как известно, рукопожатие является непременным атрибутом любой встречи и прощания. Оно может быть очень информативным, особенно его интенсивность и продолжительность. Слишком короткое и вялое рукопожатие очень сухих рук может свидетельствовать о безразличии, а продолжительное — о сильном волнении. Рукопожатие с улыбкой и тёплым взглядом демонстрирует дружелюбие. Однако задерживать руку партнёра в своей руке не стоит: у него может возникнуть чувство раздражения. Пожатие прямой, не согнутой рукой является признаком неуважения. Его главное назначение состоит в том, чтобы сохранить дистанцию и напомнить о неравенстве.

Сжатые руки за спиной свидетельствуют об уверенности или превосходстве. Такой жест характерен для высших военных чинов, работников милиции, директоров. Психологи рекомендуют в стрессовой ситуации, когда приходится ждать приёма у зубного врача или вызова к начальнику, перед сдачей экзамена сделать такой жест — и сразу придёт уверенность в себе, пропадёт страх, наступит некоторое облегчение. Руки на бёдрах — жест готовности, агрессии. Такая поза может сопровождаться широкой постановкой ног, а пальцы рук при этом сжимаются в кулак. Когда человек нервничает, испытывает отрицательные эмоции, то он инстинктивно старается оградить себя от нежелательной ситуации: скрещивает руки на груди. Этот жест как бы создаёт заслон, ограждает его от неприятностей.

Жесты размышления и оценки отражают состояние задумчивости и стремления найти решение проблемы. Задумчивое выражение лица сопровождается жестом «рука у щеки». Этот жест свидетельствует о том, что вашего собеседника что–то заинтересовало. Остаётся выяснить, что же побудило его сосредоточиться на проблеме. Жест «расхаживание» служит знаком того, что не следует спешить. Многие собеседники прибегают к этому жесту, пытаясь «протянуть время», чтобы разрешить сложную проблему или принять трудное решение. Это очень позитивный жест. Но с тем, кто расхаживает, разговаривать не следует. Это может нарушить ход его мыслей и помешать в принятии им решения.

Итак, мимика, жесты, поза выступающего с лекцией, докладом или принимающего участие в разговоре должны свидетельствовать о движении его мысли, о чувствах говорящего, являться физическим выражением его творческих усилий. Но девять десятых того, что написано о жестах, никому не нужно. Любой жест, позаимствованный из книги, будет, скорее всего, выглядеть позаимствованным. Жест должен исходить от вас лично, из вашего сердца, сознания, диктоваться вашим интересом к проблеме, вашим желанием побудить других людей понять вашу точку зрения. Единственно стоящие жесты — это те, которые родились импровизированно. Жесты человека, как его зубная щётка, должны быть сугубо личными. А так как все люди непохожи друг на друга, то жесты их также будут непохожими.

КОММЕНТАРИИ

Лорд Морли — британский писатель и государственный деятель

Словарь

фиксировать [完]; зафиксировать [未]: (что) 〈书〉отмечать на бумаге или в сознании (записывать, зарисовывать, запоминать) 记(录)下来, 画下来, 记住
  фиксировать сроки выполнения работы; фиксировать в дневнике свои впечатления от поездки;
  Приборы фиксируют все изменения в состоянии больного.

оппонент: тот, кто оппонирует, возражает кому-н. 论敌, 反对(论)者: (学术论文的)评论员
  выступать в качестве оппонента; официальный оппонент на защите диссертации

изогнуть: (кого-что) согнуть дугой 使弯曲, 使成拱形
  изогнуть гвоздь

прищурить [完]; прищуривать [未]: (что) щурясь, прикрыть веками глаза 稍微眯缝上(眼睛)
  прищурить левый глаз; лукаво прищурить глаза

расшифровать [完]; расшифровывать [未]: (что) разобрать, прочитать зашифрованное 译密码; 〈转〉猜出(不明白、不清楚的事物的含意)
  расшифровать подтекст; расшифровать секретное письмо

отучиться [完]; отучаться [未]: (от чего, или接不定式) отвыкнуть от чего-н. 戒除
  отучиться опаздывать раз и навсегда; отучиться курить

расправить [完]; расправлять [未]: (что) выпрямить, сделать ровным и гладким 弄平, 弄直; (使)舒展平
  расправить складки одежды; расправить плечи (спину, грудь)

жестикуляция: та или иная манера жестикулировать 打手势, 做手势
  спокойная и уверенная жестикуляция; выразительная жестикуляция

растерянный: беспомощный от волнения, сильного потрясения 慌张的: 不知所措

的 ‖〈名〉растерянность

растерянный взгляд

Она сидела совершенно растерянная.

оратор: тот, кто произносит речь, а также человек, обладающий даром говорить речи 演说者,发言人;演说家,善于辞令者 ‖〈形〉ораторский

прирождённый оратор; выступление оратора от какой-либо партии

отталкивающий: здесь — отвратительный, противный 讨厌的,可恶的

отталкивающее зрелище; произвести отталкивающее впечатление

разъединить [完]; разъединять [未]: (кого-что) прервать связь, соединение между кем-чем-н. 使分开,使分离 ‖〈名〉разъединение

разъединить провода; дома, разъединённые садами

Судьба разъединила друзей.

сработаться [完]: достигнуть сработанности 达到协调一致

В отделе все давно сработались.

фамильярный: неуместно развязный, слишком непринуждённый 亲昵的,不拘形迹的,毫不拘礼的;狎昵的

фамильярный тон

Он фамильярный в общении с товарищами.

хладнокровный: спокойный, обладающий хладнокровием 冷静的,沉着的

хладнокровный врач; хладнокровная решимость

менеджер: специалист по управлению производством, работой предприятия (企业、公司的)经理

менеджер фирмы; школа менеджеров

зрачок: отверстие в радужной оболочке глаза, через которое в глаз проникает свет 瞳孔

рукопожатие: пожатие друг другу правой руки в знак приветствия, благодарности и т.п. 握手

крепкое рукопожатие

интенсивный: напряжённый, усиленный 紧张的;强烈的,猛烈的

интенсивное движение транспорта; интенсивный метод; интенсивный цвет

вялый: лишённый бодрости, энергии〈转〉萎靡不振的,无精打采的;消沉的

вялое рукопожатие; вялый разговор; вялые осенние мухи

агрессия: вооружённое нападение одного или нескольких государств на другие страны с целью захвата их территорий и насильственного подчинения своей власти 侵略,侵犯;侵略行为

очаги агрессии; обуздать агрессию; экономическая агрессия

понервничать [完]; нервничать [未]: находиться в возбуждённом, нервном состоянии, испытывать нервное раздражение 发急,发脾气

понервничать с утра; понервничать по пустякам

сымпровизировать [完]; импровизировать [未]: (что) исполнять художественное произведение, создавая его в момент исполнения, без подготовки 即兴创作,即席创作;即兴演出(诗歌、乐曲等)

УРОК 4

сымпровизировать музыкальную пьесу
сугубый: очень большой, особенный 非常大的, 非常的, 特别的

ВОПРОСЫ К ТЕКСТУ

(1) Зачем люди используют жестикулярно-мимические средства?
(2) Что такое мимика? Какова роль мимики? Приведите примеры.
(3) Что такое жест? Какими бывают жесты?
(4) Всем ли людям свойственна жестикуляция? От чего это зависит?
(5) Какой жест считается лучшим?
(6) Какую информацию несёт рукопожатие?
(7) Почему древние китайцы, торговавшие драгоценными камнями, внимательно смотрели в глаза покупателю?
(8) Можно ли научиться жестикулировать по книгам?
(9) Попробуйте объяснить смысл эпиграфа? Согласны ли вы с ним? Обоснуйте свою точку зрения.

ЗАДАНИЯ

I. Установите соответствия между левой и правой колонками.

оппонент	взять, усвоить откуда-н.
импровизировать	то же, что положительный
позаимствовать	тот, который выступает с критическим разбором чего-н.
позитивный	движения лица, выражающие внутреннее душевное состояние
эмоции	насыщенный информацией
стресс	манера жестикулировать, делать движения руками
риторика	исполнить художественное произведение, создавая его в момент исполнения
информативный	состояние перенапряжения, вызванное сильным воздействием
мимика	теория ораторского искусства
жестикуляция	душевное переживание, чувство

II. Закончите предложения. Выберите верное продолжение предложения.
(1) Чтобы мимика была выразительной, _____.
   А. рекомендуется систематически произносить перед зеркалом несколько

   разнообразных по эмоциональности фраз
   Б. надо научиться её понимать
   В. надо уметь импровизировать

(2) Лучшим жестом считается тот, _____.
   А. который придаёт речи грубоватый, фамильярный характер
   Б. которого не замечают
   В. который называется символическим жестом

(3) Мимика, жесты, поза выступающего с лекцией, докладом или принимающего участие в разговоре должны свидетельствовать _____.
   А. об уверенности или превосходстве
   Б. о том, что человек инстинктивно старается оградить себя от нежелательной ситуации
   В. о движении его мысли, о чувствах говорящего

(4) Мимика и жесты могут многое рассказать _____.
   А. о лекторском мастерстве человека
   Б. о характере человека, его мыслях, переживаниях
   В. об античном времени

(5) Фразеологизм «положа руку на сердце» имеет значение _____.
   А. совершенно откровенно, искренне, честно
   Б. у меня болит сердце, требуется помощь врача
   В. мне приятно с тобой разговаривать

III. **Познакомьтесь со значением фразеологических оборотов. Вставьте вместо пропусков подходящий по смыслу фразеологический оборот.**

   махнуть рукой — перестать обращать внимание на кого-либо, на что-либо, перестать заниматься чем-либо
   опускать руки — терять способность или желание действовать; становиться бездеятельным (обычно из-за неудач, горя...)
   разводить руками — удивляться, недоумевать
   протянуть руку (помощи) — помочь, оказать содействие, поддержку, ободрить

(1) Нельзя _____, особенно нельзя делать это в молодости, когда человек узнаёт себя, проверяет свои возможности.

(2) Наташа в каком-то смысле _____ на себя в этой ситуации, забыла себя начисто...

(3) Когда он спросил врача, как он тут оказался, тот только _____.

(4) Полярные зимовки, горные восхождения, групповые виды спорта показали, какую большую роль для достижения успеха играют хорошие отношения между людьми, взаимное уважение, готовность _____ товарищу.

(5) В конце концов она смирилась со всем, на все _____ и за собой перестала следить.

(6) На все вопросы он только _____.

(7) Колотов был не из тех людей, которые _____ при первой неудаче.

УРОК 4

IV. Прочитайте высказывания известных людей о значении жестов и мимики. Выразите своё отношение к данным высказываниям: согласие, возражение, сомнение. Выберите наиболее понравившееся вам и объясните свой выбор.

... А чего только мы не выражаем руками? Мы требуем, обещаем, зовём и прогоняем, угрожаем, просим, отказываемся, восхищаемся, раскаиваемся, пугаемся, приказываем, подбадриваем, поощряем, обвиняем, прощаем, презираем, рукоплещем, благословляем, унижаем, превозносим, чествуем, радуемся, сочувствуем, огорчаемся, удивляемся, восклицаем. Столько же самых различных вещей, как и с помощью языка! Кивком головы мы соглашаемся, отказываем, приветствуем, чествуем, почитаем, спрашиваем, выпроваживаем, потешаемся, ласкаем, покоряемся, грозим, уверяем, осведомляем. А чего только мы не выражаем с помощью бровей или с помощью плеч! Нет движения, которое не говорило бы и притом на языке, понятном всем без всякого обучения ему, на общепризнанном языке.

Мишень Монтень

И хорошие ораторы, когда хотят убедить в чём-нибудь своих слушателей, всегда сопровождают руками свои слова, хотя некоторые глупцы не заботятся о таком украшении и кажутся на своей трибуне деревянными статуями...

Леонардо да Винчи

Выразительный взгляд, кстати сделанное телодвижение стоят иногда гораздо более всех речей.

Габриэль Анри Гайар, французский историк

V. Подберите к данным прилагательным подходящие существительные.

хмурый, резкий, тяжёлый, положительный, указательный, изобразительный, печальный, весёлый, смешной, трагический, презрительный, специальный, доброжелательный, свободный, особый, короткий, вялый, отрицательный, задумчивый, творческий, сухой

VI. Прочитайте словосочетания и обратите внимание на образование и употребление страдательных причастий.

опущенные плечи, *поднятые* брови, широко *раскрытые* глаза, *опущенные* вниз кончики губ, *приоткрытый* рот, *опущенные* вниз брови, *изогнутые* на лбу морщинки, *прищуренные* глаза, *сомкнутые* губы, *сжатые* зубы, нахмуренные брови, *поднятый* большой палец.

VII. Прочитайте предложения и составьте свои с выделенными конструкциями.

(1) Невербальное общение — это неречевая форма общения, **включающая в себя** жесты, мимику, позы, тембр голоса, визуальный контакт, прикосновения.

(2) Он говорит о том, что человек расстроен и пытается **взять себя в руки**.

（3） Пробуйте, но помните, что нельзя **делать** скоропалительных выводов по одному единственному телодвижению собеседника.

（4） Разговаривая друг с другом, люди для передачи своих мыслей, настроений, желаний **наряду с** вербальными (словесными) используют жестикулярно-мимические средства.

（5） Язык мимики и жестов выражает чувства говорящего, показывает, насколько участники диалога **владеют собой**, как они в действительности относятся друг к другу.

（6） **В связи с** этим рекомендуется изучить и своё лицо, знать, что происходит с бровями, губами, лбом.

（7） Не случайно, в различных риториках, **начиная с** античных времён, выделялись специальные главы, посвящённые жестам.

（8） Попробую **проверить** всё услышанное на практике.

（9） Его главное назначение **состоит в том, чтобы** сохранить дистанцию и напомнить о неравенстве.

（10） Любой жест, позаимствованный из книги, будет, **скорее всего,** выглядеть позаимствованным.

VIII. **Переведите словосочетания на китайский язык.**
совершать промахи, уверенный в себе человек, выпускать дым изо рта, устойчивые выражения, античные времена, государственный служащий, торговавшие драгоценными камнями китайцы, чувство раздражения, сохранить дистанцию, военный чин, ждать приёма у зубного врача, сосредоточиться на проблеме, протянуть время, нарушить ход мыслей, принимать участие в разговоре, точка зрения, зубная щётка

IX. **Определите и сопоставьте значения глагола гнать с разными приставками.**
вгонять — вогнать, выгонять — выгнать, пригонять — пригнать,
подгонять — подогнать, отгонять — отогнать, догонять — догнать,
перегонять — перегнать, прогонять — прогнать,
загонять — загнать, разгонять — разогнать

X. **Прочитайте предложения и переведите их на китайский язык. Придумайте свои предложения с данными словами.**

（1） Зачем ты его в краску **вогнал**?
 (вогнать в краску [фразеологизм] — заставить стыдиться)

（2） Им даже в голову не придёт **выгнать** меня.

（3） Задуманные в качестве простой и дешёвой альтернативы ноутбукам, нетбуки **догоняют** своих «старших братьев» по своим возможностям.

（4） Он способен выйти из любой глупой ситуации, в которую, в общем-то, сам себя и **загоняет**.

（5） Сегодня мы отстали по ряду технологий от некоторых стран. Но не **догонять** надо. Мы будем **перегонять**, не **догоняя**. Только так возможно

УРОК 4

сегодня действовать в научной сфере (председатель Сибирского отделения РАН академик Добрецов).

(6) Группа омоновцев пытается **разогнать** шахтёров, перекрывших железную дорогу.

(7) Медицина, к сожалению, убить и **прогнать** навсегда из организма вирус пока не может.

(8) — Как работа идёт? — обратился он к Звонареву.
— Мне уже надоело тебя на Утесе дожидаться. Решил сам приехать **подогнать** вас.

(9) Обмундирование нужно было ещё перешить и **подогнать** по росту мальчика.

(10) Согласно контракту автобусы должны быть в Тольятти до 30 сентября. До конца года сюда должны **пригнать** ещё один новый автобус и три новых троллейбуса.

(11) Как **отогнать** дурные мысли? Как себя вести и что нужно делать, если вас переполняют негативные эмоции?

XI. Вместо пропусков вставьте подходящий по смыслу глагол из задания IX.
(1) Засуха ... в нищету полтора миллиона россиян. Свыше 70 тысяч россиян окажутся из-за засухи летом 2010 года за чертой бедности.
(2) Не ... меня, дайте обогреться!
(3) Екатеринбург ... Москву по уровню автомобилизации.
(4) Кризис ... россиян в долговую яму.
(5) Военные самолёты ... облака над Петербургом.
(6) Прежде чем ... к погрузчику следующую машину, надо было поправить колею, снова завалить её битым кирпичом.
(7) Слабый ветер не ... наш корабль в гавань.
(8) Акула вцепилась ей в руку и повредила ноги. Инструктор-египтянин старался ... хищника с помощью акваланга.
(9) В Масленицу первым делом долг каждого человека был — помочь ... зиму и разбудить природу ото сна.
(10) Невнимание к природе ... человечество в паутину смерти.

XII. Переведите предложения на русский язык.
(1) 对任何事情在没有充分了解它之前,不要仓促地下结论。
(2) 一个人很难、甚至无法改变他给别人留下的第一印象。
(3) 据一位专家统计,一个人仅借助双手就可以表达70万个信号。
(4) 面部表情可以帮助我们更好地理解对方,搞清楚他此时此刻所体验的感受。
(5) 表情和手势可以表达一个人的状态,表达一个人的惊讶、对人和事的冷漠、窘迫、慌张、不满、委屈及其他情感。
(6) 就其功能而言,手势可以分为指示性的、描写性的、情绪性的、节奏性的和机械性的等几种类型。
(7) 握手这个动作,尤其是握手的力度和时间长短,可能包含很多信息。

51

(8) 面部表情和手势语可以表达说话人的情感，展示谈话双方彼此的态度。

(9) 陷入沉思的表情常常伴随着一手托住面颊的手势，这表明某事引起了谈话对方的极大兴趣。

(10) 一个人在精神高度紧张的情况下，不妨把双手背过去，这样可以增强自信，消除紧张，变得轻松。

XIII. Напишите сочинение на тему: Роль мимики и жестов в общении

Дополнительный текст

Язык жестов сугубо национален. Китайцу ничего не скажут такие привычные для нас жесты, как покручивание пальцем у виска, постукивание пальцем по лбу, глубокомысленное почесывание в затылке. Ну, а простое подмигивание вообще может быть расценено как непристойность.

Поэтому не лишней была бы попытка понять язык жестов китайцев.

Китаец может протянуть для рукопожатия левую руку. Иногда пожав руку приятному для него человеку, китаец легонько тянет её вниз, похлопывая сверху второй рукой. Это признак дружеского расположения. Жизнь европейца в Поднебесной подчас тяжела и нелегка, на улице все у тебя за спиной без стеснения начинают обсуждать твой цвет кожи, глаз, и гадать, кто же ты, русская, американка или француженка.

Многие китайцы имеют привычку во время беседы трогать своего собеседника за локоть, плечо, поглаживать или теребить рукав, выражая тем самым дружелюбное отношение к нему.

Некоторые жесты имеют древнейшее происхождение. Например, обычай приветствовать друг друга сложением обеих рук перед грудью был упомянут ещё в «Рассуждениях и беседах» Конфуция. Этот жест был когда-то усвоен в кругах адептов воинских искусств, наложивших на него свою особую символику. Считалось, например, что раскрытая ладонь одной руки и обхваченный ею сжатый кулак другой символизируют собой два противоположных начала китайской философии — инь и янь. Надо отметить, что эта форма приветствия продолжает жить и в наши дни в быту. Сложив руки таким образом, китайцы поздравляют своих родственников и знакомых с наступлением Праздника Весны, с днём рождения, повышением по службе и т. д.

Китайцы указывают на предметы раскрытой ладонью. Никогда не делайте это указательным пальцем. Вообще, указательным пальцем следует пользоваться осторожно. Представители западной культуры имеют привычку во время своей экспансивной речи злоупотреблять указывающими жестами. Для представителя китайской народности вытянутый в его сторону указательный палец является если не оскорблением, то уж во всяком случае выражением недовольства или признаком дурного тона. Говоря о себе, китаец покажет пальцем на свой собственный нос.

УРОК 4

Ещё с помощью пальцев можно считать. У китайцев система «пальцевого счёта» отличается своей яркой особенностью. Кисть руки тыльной стороной должна быть обращена к собеседнику. Поднятый указательный палец соответствует цифре «один», указательный и средний пальцы — это «два». Для обозначения цифры «три» используются средний, безымянный пальцы и мизинец, «четыре» — все пальцы кроме большого, «пять» — раскрытая ладонь. Называя цифру «шесть», следует сжать руку в кулак и оттопырить два пальца — большой и мизинец. Цифра «семь» показывается при помощи сложенных в щепотку большого, среднего и указательного пальцев, цифра «восемь» — посредством широко разведённых большого и указательного пальцев. «Девять» — это поднятый вверх и загнутый указательный палец. Для обозначения «десяти» следует скрестить между собой прямые указательные пальцы обеих рук.

Жест одобрения у китайцев такой же, как, пожалуй, во всём мире — поднятый кверху указательный палец руки.

ЗАДАНИЯ К ТЕКСТУ

I. Согласны ли вы с наблюдениями автора статьи?

II. Что вы можете рассказать об особенностях мимики и жестикуляции китайцев?

УРОК 5

Дотекстовый диалог

— О русском характере написано очень много: заметок, наблюдений, эссе, толстых работ. О нём писали с умилением и осуждением, с восторгом и презрением, снисходительно и зло. Писали по-разному и писали различные люди. Словосочетание «русский характер», «русская душа» ассоциируются в нашем сознании с чем-то загадочным, неуловимым, таинственным и грандиозным, — почему до сих пор эта проблема остаётся актуальной? И хорошо это или плохо, что мы относимся к ней так эмоционально и горячо?

— Я считаю, что в этом нет ничего предосудительного и удивительного. Национальный характер — это представление народа о самом себе, это важный элемент его народного самосознания, его совокупного этнического Я. И представление это имеет судьбоносное значение для его истории.

— Я с этим полностью согласен. Ведь точно так же, как отдельная личность, народ, в процессе своего развития формируя представление о себе, формирует себя самого и в этом смысле — своё будущее.

— А можно ли коротко определить, в чём особенность русского народа?

— Наверное, в его своеобразии. Он не похож на западные народы (господство человека над природой), не похож и на восточные (погружённость человека в природу).

— И снова я вынужден согласиться с этим мнением. Индус ищет блаженство после смерти на небе, русский — на земле и сейчас же. Китаец почитает начальство и любит церемонии, русский склонен к анархии.

— Говорить на эту тему можно бесконечно. Не стоит тратить время на разгадку «загадочности» русского народа. Примите его таким, каков он есть.

СЛОВАРЬ

эссе [中,不变]: прозаическое сочинение небольшого объёма и свободной композиции на частную тему, трактуемую субъективно и обычно неполно〈专〉小品文, 随笔, 短论, 时评

эссе Марины Цветаевой «Мой Пушкин»

ассоциироваться [完,未]: (с кем-чем) соединиться (-яться) с чем-н. в представлении по ассоциации〈书〉联想

актуальный: очень важный для настоящего момента 具有现实意义的, 迫切的

54

Шекспировские пьесы актуальны и сегодня.

предосудительный: заслуживающий порицания, осуждения 应受指责的, 不体面的
предосудительный поступок

этнический: относящийся к какому–н. народу 民族的, 人种的, 有关种族的
этнический состав населения

господство: преобладающее, подавляющее влияние где–н., обладание полнотой власти над кем–чем–н. 统治, 统治地位; 霸权; 优势

погружённый: (во что) целиком захваченный, занятый, поглощённый чем–н. 沉迷、沉湎于……的, 专心致志于……
погружённый в воду по шею; погружённый в сон

разгадка: решение загадки 谜底
искать разгадку; разгадка шарады

ВОПРОСЫ К ДИАЛОГУ

Какова тема данного диалога?
Как вы думаете, кто является участниками этого разговора?
Поделитесь своими мыслями по поводу данной проблемы.

Текст   Загадочная русская душа

Как ни начнут говорить о русских, сразу всплывает такой термин как «загадочная русская душа». Все говорят, но никто не может объяснить, что это такое. В лучшем случае говорят об амбивалентности, то есть о двузначности реакций русских людей в, казалось бы, одной и той же ситуации. Письменных источников по этому вопросу более чем предостаточно — однозначного ответа — нет.

Где бы как бы ни встретились два русских человека, они сразу же опознают друг друга. Достаточно в худшем случае двух минут общения, чтобы опознать в человеке русскую душу. В лучшем случае она обнаруживается через две секунды. Это как метка — не спрячешь.

Вместе с тем в русской культуре есть одна серьёзная проблема— постоянные споры о том, что значит быть русским. Как ни заходит речь о русском национальном характере, так начинается полный разброд.

Где бы кто бы о русском национальном характере не писал, в итоге всё заканчивается чем-то вроде этого: «Вопрос национального характера всегда сложен, вопрос русского национального характера ещё сложнее, а сам нрав русский есть сложное сочетание психологических, религиозных, природных (географических), экономических, языковых и ещё каких-то факторов...»

Что же такое русскость?

Русскость есть сопереживание.

Сопереживание есть нравственный идеал, вокруг которого выстраивается вся русская национальная культура. Все положительные в контексте русской культуры человеческие качества исходят в своей русской интерпретации из сопереживания. Это ни в коем случае не означает равной степени проявленности их в разных русских, равно как бытие русским не означает состояние одинакового для всех роста, веса, размеров черепа, возраста и пола. Просто сопереживание является нравственной осью, нулевой точкой отсчёта координат, относительно которой оценивается и к которой привязывается любое другое переживание и действие.

Все традиционно воспринимаемые как положительные и желательные для русского человека нравственные качества — ориентиры подразумевают свой «отсчёт» от сопереживания состоянию другого. Обычно это:

— в духовной сфере — поиск истины–добра–любви, нестяжательство, созерцательность, бескорыстие, доброта, религиозность;

— в общественной — братство, соборность, помощь, воля, поиск правды, жертвенность, война насмерть;

— в личной — резкие переходы от лени к деятельности, удаль, бунтарство, самоирония, простота, скромность, прощение, авось, самоотверженность, сердечность, здоровье, изобретательство.

Что касается отрицательных качеств, то они, конечно, осуждаются. А в нравственном идеале русских таких качеств просто нет. Какие же это качества? Это аскетизм, властность, гордость, дельцовость, жестокость, отстранённость, педантизм, показушность, приспособленчество, развесёлость, стяжательство, точность, упорство, хитрость, целеустремлённость.

Очень любопытное явление обнаруживается при наблюдении за русскими, долго жившими в Европе и особенно в Америке. Те, кто уезжал из России с любовью и помнил о своей родине, приезжают, обогатившись новым опытом, который, как правило, органично дополняет их русскость. Те же, кто уезжал, имея к родине претензии и ненависть, возвращаются или уже не совсем русскими, или не русскими совсем. То же разделение касается уехавших навсегда.

Эта тонкая грань часто отмечалась как частное явление. В России жив подход к другому человеку, который некоторые называют и инфантильным, и непрактичным, и даже глупым. Это, когда с человеком общаешься просто потому, что он тебе симпатичен. Это дружба, когда человеку ничего от тебя не надо, ничего–ничего. Когда не задумываются «сколько этот человек стоит» — и не только в плане денег, а и в плане связей, престижа, статуса, чего угодно. Человек видится как он есть, а не через призму своих личных интересов. Именно поэтому в России так распространено немыслимое во многих других странах тесное общение между представителями разных общественных групп. **Когда говорят от души, в России и царь, и Бог — на ты.**

Запредельное стремление к интенсивности взаимопонимания всегда было и силой, и слабостью русских. Знаменательно, что слишком многие ненавидят русских как народ и любят лично.

УРОК 5

В поисках особенностей русского менталитета, мы предлагаем вам пойти вместе с нами лёгким путём. Искать не свойства его, а проявления, характеризующие данные свойства. Говоря проще, обратиться к пословицам.

Мужик на авось репу сеял, а уродился картофель

Одной из самых известных особенностей русского менталитета является «русский авось», под которым принято понимать национальный бездейственный оптимизм и разгильдяйство. *Авось не сломается, авось обойдётся, авось никто не заметит.* Главное свойство авось в том, что результат действия, сделанного на авось, непредсказуем. Особенно страшны проявления этого свойства в отношении рабочих к собственной безопасности. Авось означает, что в условиях непредсказуемого развития событий человек надеется на благоприятный исход.

Наш Филат не бывает виноват

Сложно проследить корни этой особенности русского менталитета, но её проявления видны невооружённым взглядом в любой области деятельности. При возникновении нестандартных ситуаций, при любых ошибках принято в первую очередь задаваться вопросом «Кто виноват?». Проводятся показательные процессы с поиском и наказанием виновных. При этом все очень удивляются, если ситуация повторяется. В то время следует не забывать, что ошибка — это кладезь информации о проблемах. Поэтому при возникновении нестандартных ситуаций неконструктивный вопрос «Кто виноват?» следует заменить конструктивным — «Что делать?»

Закон, что дышло: куда повернул, туда и вышло

Русский человек по своей природе мечтатель и идеалист. Он не принимает авторитет закона, потому что «**Что мне законы, были бы судьи знакомы**». Зато свято верит в идеалы, иногда даже до навязчивости. Он может 30 лет просидеть на печи, но как только в голову ему втемяшится идея, в которую он по-настоящему поверит, от былой меланхоличности и лени не останется и следа. Человек с русским менталитетом готов горы сворачивать, если видит высшую цель в своей работе. Но если ему приходится заниматься делом, смысла которого он не понимает — глаза такого рабочего меркнут, и лень возвращается.

Всех работ не переработаешь

Большинство русских людей работать не любят и считают работу лишь необходимым злом, позволяющим выжить в обществе потребления. Обращали ли вы внимание на большое количество картинок с вальяжно раскинувшимися котами, учащимися, что «работа не волк, в лес не убежит», или радующимися, что пришла пятница?

Отношение к обществу у каждого русского человека своё. Кто-то ощущает себя непосредственно частичкой общества как огромного организма, а кто-то наоборот отдаляет себя своим поведением от общества. Но в целом для русской ментальности характерно понимание коллективного общества — объединённого и организованного по каким-либо признакам. Прямым олицетворением этих устоев в русском обществе являются поговорки и пословицы: «*Берись дружно, не будет грузно*», «*Веника не сломишь, а прутья по одному все переломаешь*», «*В тесноте, да*

не в обиде».

Отношение к семье в русской ментальности можно проследить на примере таких русских пословиц и поговорок: «*В семье и каша гуще*», «*Муж — голова, жена — душа*», «*Добрая жена да жирные щи — другого добра не ищи*». Как правило, глава семьи — мужик, хозяин дома и начальник над хозяйством, как самый сильный и ответственный. Русский мужик в своей семье — это пример для подражания. Он сильный, мужественный, всегда готов защитить интересы своей семьи и народа. И в русских сказках мужиков-крестьян всегда показывали как неустающих тружеников, храбрых воинов и мастеров своего дела. На них возлагают надежды в случае опасности или какой-либо беды, они всегда «спасают мир».

Отношение к деньгам в русском национальном сознании определялось социальным статусом. Крестьяне относились к деньгам как к единице товарно-денежного обмена. Это можно увидеть на примере пословиц: «*Деньгам счёт, а хлебу мера*», «*Денег много — великий грех*»; «*Денег мало — грешней того*», «*Через золото слезы льются*», «*Лишние деньги — лишние хлопоты*». Гораздо более значимыми вещами в системе ценностей были честь, верность, чувство долга. Отношение к чести у русских всегда было положительным. Только вот честь была разной и по-разному воспринималась в зависимости от многих факторов: социальный статус, материальное положение, вероисповедание. Как говорится в русских пословицах — «*Береги платье снову, а честь смолоду*», «*Знай честь, коли хочешь хлеб есть*», «*Легче в драке, нежели в бесчестье мириться*», «*Не знаешь чести, так палок двести*».

Так какой же он, этот загадочный русский народ. Великий русский писатель Н. В. Гоголь оставил о русских в своих сочинениях такое слово: «Всякий народ своеобразно отличился каждый своим собственным словом, которым, выражая какой ни есть предмет, отражает в выражении его часть собственного своего характера. Сердцеведением и мудрым познанием жизни отзовётся слово британца; лёгким щёголем блеснет и разлетится недолговечное слово француза; затейливо придумает своё, не всякому доступное слово немец; но нет слова, которое было бы так замашисто, бойко, так вырывалось бы из-под самого сердца, так бы кипело и животрепало, как метко сказанное русское слово».

КОММЕНТАРИИ

Когда говорят от души, в России и царь, и Бог — на ты. — При неформальном общении русские не обращают внимание на социальный статус своего собеседника. Обращение на «ты», как известно, используется в разговоре только с близкими людьми: друзьями, родственниками, приятелями и т. д.

Закон, что дышло: куда повернул, туда и вышло — закон всегда может быть истолкован произвольно

УРОК 5

Что мне законы, были бы судьи знакомы — кто законы пишет, тот их и ломает. Где деньги говорят, там правда молчит.

СЛОВАРЬ

разброд: разногласие 不一致, 分歧
идейный разброд

сопережить [完]; сопереживать [未]: сочувствуя другому, переживать вместе с ним его душевное состояние 〈书〉共同感受；共同遭受；休戚相关 ‖ 〈名〉 сопереживание
сопереживать пережившим стихийное бедствие; сопереживать вместе с другом его горе

ось: то, вокруг чего развертываются события, сосредоточиваются действия 〈转〉(事物发展的)中心
земная ось; вращаться вокруг своей оси

координата: одна из величин, определяющих положение точки на плоскости или в пространстве 〈专〉坐标
географические, астрономические координаты
Ты, пожалуйста, напиши мне свои координаты...

ориентир: предмет, по которому (или на который) ориентируются 定向标, 方位标, 标定点, 地(物)标
выбрать правильный ориентир

созерцательный: книж. занятый бездеятельным наблюдением, пассивный 〈书〉旁观的；消极的 ‖ 〈名〉 созерцательность
созерцательная жизнь; созерцательная натура; созерцательное настроение

бескорыстный: чуждый корыстных интересов (забот о личной выгоде, наживе) 无私的, 大公无私的 ‖ 〈名〉 бескорыстие
бескорыстный врач; бескорыстная привязанность

бунтарство: поведение, образ действий бунтаря 〈旧〉反抗, 叛逆, 不安分

авось [语气]: разг. может быть (о том, что желательно для говорящего, на что он надеется) 〈口〉也许, 但愿
делать на авось
Буду ждать, авось придёте.

аскетизм: строгий образ жизни с отказом от жизненных удовольствий 禁欲主义
Он больше склонялся к аскетизму, чем к наслаждениям.

педантизм: поведение, свойства педанта; излишний формализм, мелочная точность в чём-либо 书呆子气, 学究气
склонность к педантизму; аккуратный до педантизма

показуха: видимость благополучия, успешной деятельности; рассчитанные на внешний эффект, на то, чтобы произвести благоприятное впечатление на кого-н. 〈口, 不赞〉表面文章；装模作样, 摆样子 ‖ 〈名〉 показушность
Работа серьёзная, без показухи.

59

стяжательство: алчное накопление денег, имущества; страсть к наживе 贪婪行为，贪得无厌

 Стяжательство у них в роду.

претензия: поведение того, кто желает признания за ним каких-н. достоинств, которые он себе приписывает 自负心，自命不凡，自以为是

 заявить претензию на качество товара; выяснить претензии пассажиров; быть в претензии на магазин; предъявить претензии родителям

грань: то, что отличает, отделяет одно от другого〈转〉界，界限；边缘

 Открылись неожиданные грани характера кого-либо.

 Больной находился на грани жизни и смерти.

инфантильный: детски недоразвитый, страдающий инфантилизмом 幼稚型的，犯幼稚病的

 инфантильный организм; инфантильное состояние

разгильдяйство: небрежность в делах, нерадивость; поведение разгильдяя〈口，蔑〉马虎行为；玩忽职守

кладезь: кладезь премудрости — о человеке с большими знаниями [кладезь — церк.-слав. колодец]〈谑〉智囊，饱学之士. Источник, сокровищница чего-л.

 Эта коллекция — кладезь для изучающего искусство.

втемяшиться [第一、二人称不用] –шится [完]: устар; разг. (кому) засесть в голове, укрепиться в сознании〈俗〉深深印入脑海，记牢；怀着……念头

 Что за ерунда втемяшилась тебе в голову?

меланхоличный: характеризующийся слабой возбудимостью, незначительной глубиной и длительностью эмоциональных переживаний, грустный, унылый 忧郁的，闷闷不乐的 ‖〈名〉меланхоличность

 меланхоличный характер; меланхоличный взгляд; меланхоличная песня

вальяжный: имеющий представительную, солидную внешность〈旧，讽〉仪表堂堂的，庄严的

 вальяжный мужчина; вальяжная поза

вероисповедание: религия, религиозная система〈书〉宗教，宗教信仰

 православное вероисповедание; католическое вероисповедание; свобода вероисповедания

британцы: -ев; -нец, -нца, жители Великобритании, англичане〈旧〉不列颠人，英国人

щёголь: человек, любящий наряжаться, нарядно одетый, франт 讲究服装的人，好穿戴的人，衣着讲究的人

 выглядеть щёголем

затейливый: причудливый, замысловатый 别致的，奇特的；独出心裁的，新颖的

 затейливый морозный узор на окнах; затейливый рассказ

бойкий: быстрый, живой 动作迅速的，麻利的；活泼的 ‖〈副〉бойко

 бойкий характер; бойкий на язык; бойкая торговля

УРОК 5

ВОПРОСЫ К ТЕКСТУ

(1) Попробуйте объяснить значение термина «загадочная русская душа». В чем проявляется ее загадочность?
(2) Что такое русскость?
(3) Назовите положительные и негативные нравственные качества–ориентиры русского человека.
(4) В чем сущность инфантильного (непрактичного и даже глупого) подхода к человеку? Согласны ли вы с тем, что данный подход глупый? Обоснуйте свою точку зрения.
(5) Что такое «русский авось»?
(6) Каково отношение русских к работе?
(7) Каков русский мужик?
(8) Какие вещи в системе ценностей у русских являются наиболее важными?

ЗАДАНИЯ

I. На примере каких китайских пословиц можно проследить отношение китайцев к деньгам, к семье, к обществу, к работе ...

II. Прочитайте слова, переведите их. Какие качества вы цените в людях, а какие у вас вызывают отвращение и почему? Выскажите своё мнение, используйте следующие словосочетания.
я думаю, что...; я не сомневаюсь в том, что...; мне кажется, что...;
я придерживаюсь мнения, что...; я уверен в том, что...

аскетизм, властность, верность традициям и уважение к ним, гордость, дельцовость, дружелюбие, жестокость, коллективизм, отстраненность, педантизм, показушность, приспособленчество, развеселость, скромность, стяжательство, точность, трудолюбие, упорство, хитрость, целеустремленность, уважение к старшим

III. Установите соответствия между левой и правой колонками и составьте предложения с данными словами.

статус	правовое положение, а также положение вообще
затейливо	отлично от других, оригинально
вероисповедание	плодотворный
ментальность	болезненно–угнетенное состояние,

61

	тоска, хандра
меланхоличность	общепризнанное значение, признание, общее уважение
вальяжно	с чувством достоинства, благообразия, приятной важности
авторитет	причудливо, замысловато
своеобразно	внутренний мир человека, его способность размышлять, составлять собственное мнение о чём–л.
конструктивный	религия, религиозная система

IV. **Закончите предложения. Выберите верное продолжение предложения.**

(1) Нравственный идеал, вокруг которого выстраивается вся русская национальная культура, _____.

   А. это очень серьезная проблема

   Б. это сопереживание

   В. метко сказанное русское слово

(2) В России с человеком дружат, потому что _____.

   А. он просто симпатичен

   Б. отношения с ним можно использовать в личных интересах

   В. без друга жить нельзя

(3) Отношение к деньгам в русском национальном сознании _____.

   А. всегда было положительным

   Б. определялось социальным статусом

   В. занимало важное место в системе ценностей

(4) Русский мужик _____.

   А. не любит работать, считает работу необходимым злом

   Б. отдаляет себя своим поведением от общества

   В. это пример для подражания

(5) Метко сказанное русское слово _____.

   А. отзывается мудрым познанием жизни

   Б. замашисто, бойко, вырывается из–под самого сердца

   В. не всякому доступное

V. **Прочитайте предложения и составьте свои с выделенными конструкциями.**

(1) Словосочетание «русский характер», «русская душа» **ассоциируются** в нашем сознании с чем–то загадочным, неуловимым, таинственным и грандиозным.

(2) Представление народа о самом себе **имеет** судьбоносное **значение** для его истории.

(3) Китаец почитает начальство и любит церемонии, русский **склонен к** анархии.

(4) Не стоит **тратить время** на разгадку «загадочности» русского народа.

УРОК 5

(5) **В лучшем случае** говорят об амбивалентности, то есть о двузначности реакций русских людей **в**, казалось бы, **одной и той же** ситуации.

(6) **Достаточно** в худшем случае двух минут общения, **чтобы** опознать в человеке русскую душу.

(7) Как ни **заходит речь** о русском национальном характере, так начинается полный разброд.

(8) **Как только** в голову ему втемяшится идея, в которую он по-настоящему поверит, от былой меланхоличности и лени **не останется и следа**.

(9) На них **возлагают** надежды в случае опасности или какой-либо беды, они всегда «спасают мир».

(10) Только вот честь была разной и по-разному воспринималась **в зависимости от** многих факторов.

VII. Попробуйте перевести следующие пословицы и поговорки на китайский язык.

(1) Мужик на авось репу сеял, а уродился картофель.
(2) Наш Филат не быват виноват.
(3) Закон, что дышло: куда повернул, туда и вышло.
(4) Всех работ не переработаешь.
(5) Берись дружно, не будет грузно.
(6) Веника не сломишь, а прутья по одному все переломаешь.
(7) В тесноте, да не в обиде.
(8) В семье и каша гуще.
(9) Муж — голова, жена — душа.
(10) Добрая жена да жирные щи — другого добра не ищи.
(11) Деньгам счёт, а хлебу мера.
(12) Денег много — великий грех.
(13) Денег мало — грешней того.
(14) Через золото слезы льются.
(15) Лишние деньги — лишние хлопоты.
(16) Береги платье снову, а честь смолоду.
(17) Знай честь, коли хочешь хлеб есть.
(18) Легче в драке, нежели в бесчестье мириться.
(19) Не знаешь чести, так палок двести.

VIII. Прочитайте высказывания известных людей о русском народе. Выразите своё отношение к данным высказываниям: согласие, возражение, сомнение. Выберите наиболее понравившееся вам и объясните свой выбор.

Русский народ есть особенный народ в свете, который отличается догадкою, умом, силою.

Екатерина II

Не может русский человек быть счастлив в одиночку, ему нужно участие

окружающих, а без этого он не будет счастлив.

В. Даль

Русский народ есть в высшей степени поляризованный народ, то есть совмещение противоположностей. Им можно очаровываться и разочаровываться, от него всегда можно ждать неожиданностей, он в высшей степени способен внушить к себе сильную любовь и сильную ненависть.

Н. А. Бердяев

IX. Определите и сопоставьте значения глагола знать с разными приставками.

узнавать — узнать, познавать — познать, признавать — признать,
опознавать — опознать, сознавать — сознать (устаревшее),
осознавать — осознать, обознаваться — обознаться,
прознавать — прознать (просторечие)

X. Прочитайте предложения и переведите их на китайский язык, обращая внимание на употребление выделенных глаголов.

(1) Сейчас появилась уникальная возможность узнать пол ребёнка до его рождения.
(2) Вы можете в учебном центре «Интерфейс» ознакомиться с программами курсов обучения и узнать подробнее об экзаменах
(3) Древние говорили: «Можно познать Поднебесную, не выходя из дома».
(4) Чтобы познать себя, принять себя и тем самым познать свой путь, вы должны остановить себя.
(5) Церковь признает настоящим браком лишь тот союз мужчины и женщины, который основан на взаимной ответственности, не ограниченной временем.
(6) В Британии по-прежнему существует закон, который признает государственным изменником человека, наклеившего вверх ногами марку с изображением монарха.
(7) Суд признал врача виновным и приговорил его к 3 годам лишения свободы.
(8) Помогите опознать песню и исполнителя!
(9) Один из молодых людей, пострадавших в драке на Чистых прудах в Москве, опознал в задержанном своего обидчика.
(10) Гораздо благороднее сознать свою ошибку, чем довести дело до неисправимого.
(11) Для меня наступает время, когда стоит определяться. Многое надо понять и осознать.
(12) Чтобы избавиться от какой-либо психологической проблемы, нередко достаточно всего лишь глубоко осознать её.
(13) Откуда-то прознали, что он уже вернулся.

УРОК 5

XI. Переведите предложения на русский язык.
（1）俄罗斯人的性情本身就是心理因素、宗教因素、自然因素、经济因素、语言因素及其他各种因素的复杂组合。
（2）在任何情况下都不应该说自己什么都懂；没什么可以再学习的了。
（3）那些离开俄罗斯时心中充满对国家怨恨的人，他们回国时要么已经不完全是俄罗斯人，要么完全不是俄罗斯人了。
（4）在俄罗斯，不同社会团体的代表之间广泛地紧密交流，这种交流在其他国家是不可思议的。
（5）在发生意外的情况下，非建设性的问题是"谁之过"，取而代之的应该是一个建设性的问题"怎么办"。
（6）我们是最亲密的朋友，可以推心置腹地谈论彼此心中的秘密、择偶标准。
（7）在俄罗斯民族意识中，对待钱的态度是由社会地位决定的。农民把钱看成是商品—货币交换的单位。
（8）随着社会的飞速发展，人们的价值观也发生了根本性的变化。
（9）当个人利益和集体利益发生冲突时，前者应该服从于后者。
（10）评价一个人是否有价值，不光看金钱方面，还要看他的威望、社会地位、人脉关系。

XII. Напишите сочинение на тему: Русский характер в моём понимании.

Дополнительный текст

Умение «читать» и понимать человеческую психологию очень важно. Ещё Конфуций говорил: «Не беспокойся о том, что люди не понимают тебя, беспокойся, что ты не понимаешь людей».

Едва услышав слово «китаец», на ум тут же приходит образ маленького восточного человека в шёлковом одеянии, пьющего изысканный зелёный чай и вырисовывающего иероглифы на листке бумаги. Но какие же на самом деле китайцы?

Китай — великая держава потому, что сохраняет национальные традиции и самобытность.

Особенностью китайского национального характера является чувство гордости за всё китайское. Она основана на оценке вклада Китая в человеческую цивилизацию (изобретение компаса, бумаги, книгопечатания и так далее). Продолжение этой черты — очень развитое историческое сознание, любовь и хорошее знание истории своей страны. Китаец высоко ценит и уважение иностранцем китайских традиций, интерес к истории, культуре и языку.

Психологии китайца присуща ярко выраженная природная тяга к знаниям. Ни в одном книжном магазине мира нельзя увидеть такое количество глубоко погруженных в чтение людей, как в книжных магазинах Китая.

В Китае сохраняется традиция уважения старости.

Всем хорошо известно китайское трудолюбие. Труд для китайцев не напряжение и не преодоление себя. Это игра, которая приносит радость и удовольствие.

Считается, что китайцы скромны. Когда вы хвалите китайцев за хорошую работу, они всегда отвечают: «В нашей работе необходимы улучшения». Следует понимать, какой смысл скрыт в вышесказанном. Китайцам очень приятна ваша похвала.

Прямой конфликт в Китае — вещь редкая. Вступив в деловые отношения с китайцами, надо знать, что для принятия решения требуется много времени, потому что необходимо получить одобрение всех людей, имеющих отношение к делу. Обычно китайцы не указывают на недостатки другой стороны, потому что боятся задеть ваши чувства. Главное для них — это достижение взаимопонимания, формирование гармоничной культуры.

На вопрос: «Какие черты характера вам нравятся у китайского населения?» — россияне дают следующие ответы: трудолюбие, коллективизм, целеустремлённость, дружелюбие, верность традициям и уважение к ним, уважение к старшим, скромность.

ЗАДАНИЯ К ТЕКСТУ

I. Прочитайте текст. Озаглавьте его. Согласны ли вы с авторской характеристикой китайского народа? Обоснуйте свою точку зрения. Используйте следующие выражения.

Я согласен (согласна) с ...
Я также считаю, что...
Это далеко не так!
Мне кажется, что ...
Я сомневаюсь в том, что ...

II. Прочитайте комментарии к китайским пословицам. Как они звучат на китайском языке? Какие свойства менталитета китайцев они характеризуют? (проверьте себя по ключу)

— Эта пословица говорит: мы не должны забывать, что блага, которыми мы наслаждаемся, — результат кропотливой работы предыдущих поколений.

— Эта пословица подчёркивает, что каждый гражданин в ответе за судьбу своей страны и должен болеть сердцем за своё государство. Каждый в ответе за свою страну.

— Эта пословица утверждает: упорством и старанием можно добиться успеха во всём.

— Эта пословица напоминает нам, что мы никогда не сможем стать достаточно начитанными.

УРОК 5

III. Приведите свои примеры китайских пословиц, характеризующих свойства характера китайца. Переведите их на русский язык. Прокомментируйте их.

前人栽树，后人乘凉。
天下兴亡，匹夫有责。
只要功夫深，铁杵磨成针。
书到用时方恨少。

ПОВТОРЕНИЕ 1

一、口语表述 (Говорение, *10* мин.)
Тема: «Путешествие в нашей жизни»

План сообщения:
1. Одни считают, что путешествие — это хороший вид отдыха.
2. Другие считают, что путешествие — это потеря времени и денег.
3. Ваше мнение.

二、阅读理解 (Чтение, *30* мин.)
Прочитайте тексты и задания. Выберите правильный вариант и отметьте соответствующую букву на матрице.

 Текст 1   Зелёная лампа

В 1920 году в Лондоне, зимой, на углу Пикадилии остановились двое хорошо одетых людей, они только что вышли покушать в дорогом ресторане. Их внимание было привлечено лежащим молодым человеком.

— Он, кажется, в обмороке от голода.

— Мне надоели обычные развлечения, у меня появился замысел: делать из людей игрушки, — сказал Стильтон своему приятелю Реймеру. Слова эти были сказаны тихо, так что лежащий их не слышал.

Реймеру было все равно, он простился и уехал. А Стильтон посадил бродягу в кеб и повез в трактир.

Молодого парня звали Джон Ив. Хорошо поев, он рассказал Стильтону про свою бродячую жизнь. Стильтон заявил:

— Слушайте: я ежемесячно выдаю вам десять фунтов с условием, что вы завтра же снимете комнату на одной из центральных улиц, на втором этаже, с оком на улицу. Каждый вечер, точно от пяти до двенадцати ночи, на подоконнике окна, всегда одного и того же, должна стоять зажжённая лампа, прикрытая зелёным абажуром. Пока лампа горит, вы не будете выходить из дома, не будете никого принимать и ни с кем не будете говорить.

— Если вы не шутите, — отвечал Ив, — то я согласен забыть даже собственное имя. Но скажите, пожалуйста, как долго будет длиться такое благоденствие?

— Тайна! — ответил Стильтон. — Но если вы согласны, то однажды к вам придет человек и сделает вас богатым.

— Понимаю.

ПОВТОРЕНИЕ 1

Так состоялась странная сделка.

В 1928 году в больнице для бедных кричал старик, он сломал ногу, оступившись на чёрной лестнице тёмного притона.

Хирург заключил, что необходима операция. Она была тут же произведена, после чего старик уснул. Проснувшись, он увидел, что перед ним сидит хирург, который лишил его правой ноги.

— Узнаёте ли вы меня, мистер Стильтон, — сказал доктор, — я Джон Ив, я узнал вас с первого взгляда. Расскажите, что так резко изменило ваш образ жизни?

— Я разорился, вот уже три года, как я стал нищим. А вы?

— Я несколько лет зажигал лампу, — улыбнулся Ив, — вначале от скуки, потом уже с увлечением начал читать всё, что мне попадалось под руку. Однажды я раскрыл анатомию и был поражён. Чтобы сделаться доктором, я начал читать книги по медицине. К тому времени я уже два года жёг зелёную лампу, а однажды, возвращаясь, увидел человека, который смотрел на зелёное окно не то с досадой, не то с презрением. «Ив — классический дурак! — пробормотал тот, не замечая меня. — Он ждёт... да, он хоть имеет надежду, а я почти разорён!» Это были вы. Вы прибавили: «Глупая штука. Не стоило бросать денег». Я едва не ударил вас тогда на улице, но вспомнил, что благодаря вашей издевательской щедрости могу стать образованным человеком...

— А дальше? — спросил Стильтон.

— Дальше? Я сдал экзамены в медицинский колледж. Как видите, я оказался способным человеком...

Наступило молчание.

— Я давно не подходил к вашему окну, — произнёс Стильтон, — давно... очень давно. Но мне теперь кажется, что там всё ещё горит зелёная лампа... Простите меня.

— Вероятно, через три недели вы сможете покинуть больницу. Тогда позвоните мне, быть может, я дам вам работу: записывать имена приходящих больных. А спускаясь по тёмной лестнице, зажигайте... хотя бы спичку.

1. Что заставило Стильтона так поступить?
   A) Увидев бродягу, ему захотелось накормить его.
   B) Как добрый человек, он решил помочь ему.
   C) Богатому джентльмену было скучно.
   D) Стильтону нравились игрушки.

2. Почему Стильтон поставил такие условия договора?
   A) Чтобы мог, смеясь над Ивом, проверять его.
   B) Чтобы тот тоже понял, что значит одиночество.
   C) Чтобы с улицы было видно, чем занимается Ив.
   D) Чтобы Ив не знал, что это его издевательская щедрость.

3. Как Ив выполнял этот странный договор?
   A) Он строго выполнял все условия договора.
   B) Он только два года зажигал лампу на подоконнике.

C) Он зажигал лампу, а сам делал то, что хотел.

D) Он зажигал свет на окне и читал, не выходя из дома.

4. Что означают слова «А спускаясь по тёмной лестнице, зажигайте...хотя бы спичку»?

A) Не надо быть скупым.

B) Чтобы Стильтон не сломал ногу второй раз.

C) Не надо обижать бедных, это приведет к беде.

D) Ив не забыл, что ему когда–то помогал Стильтон.

5. Что хочет сказать автор читателям?

A) Не следует обижать бедных.

B) Богатые тоже могут стать бедными.

C) Судьбу человека трудно предсказать.

D) Порой богатые тоже плачут.

Текст 2 Чьё сердце сильнее?

На нашей улице родилось и жило много замечательных людей. Раньше они рождались чаще, чем теперь.

До лета прошлого года гордостью нашей улицы была Нунча, торговка овощами—самый весёлый человек в мире и первая красавица нашей улицы... Но Нунча прошлым летом умерла на улице во время танца. Она была слишком весёлой и сердечной женщиной, чтобы спокойно жить с мужем. Муж её не понимал, кричал, показывал людям нож и однажды пустил его в дело. Он посидел немного в тюрьме и уехал в Аргентину.

Нунча в двадцать три года осталась одна с дочерью. Не все женщины были довольны её жизнью, и мужчины тоже. Но она не только не трогала женатых, но даже умела помирить их с жёнами. Так жила она, радуясь сама, на радость многим, приятная для всех.

Время шло быстро. Но вот однажды в праздник, когда люди выходили из церкви, кто–то заметил, что дочь Нунчи Нина незаметно для людей засияла звездою такой же яркой, как мать. Даже сама Нунча удивилась.

И тогда впервые на лице весёлой женщины люди увидели тень грусти.

Сначала не было заметно соперничества между матерью и дочерью. Дочь вела себя скромно, перед мужчинами неохотно открывала рот, а глаза матери горели всё ярче и веселее.

Из Австралии возвратился на родину Энрико Барбоне. Он прекрасно рассказывал о своей жизни в Австралии, полной чудес. Все принимали его рассказы за сказки, а мать и дочь—за правду.

— Я вижу, что нравлюсь Энрико, а ты играешь с ним, и это делает его легкомысленным и мешает мне.

— Хорошо, — сказала Нунча. — Ты не будешь жаловаться на свою мать...

И женщина честно отошла прочь от человека, который был приятен ей

ПОВТОРЕНИЕ 1

больше многих других. Это видели все.

И вот однажды на празднике нашей улицы Нунча великолепно станцевала тарантеллу, дочь заметила ей при всех:

— Не слишком ли много ты танцуешь? Пожалуй, это не по годам тебе, пора беречь сердце.

Все замолчали на секунду, а Нунча крикнула сердито:

— Ты заботишься о моём сердце, да? Хорошо, дочка, спасибо! Но посмотрим, чьё сердце сильнее!

И, подумав, предложила:

— Мы побежим с тобой отсюда до фонтана три раза туда и обратно, не отдыхая, конечно...

Вот они сорвались с места. Нунча бежала свободно и красиво. В два конца она опередила дочь. Нина упала на землю — не могла уже бежать в третий раз. Бодрая Нунча смеялась:

— Дитя, — говорила она ласково, — надо знать, что наиболее сильное сердце — это сердце женщины, испытанное жизнью. Не огорчайся!

И, не давая себе отдохнуть, Нунча пожелала танцевать тарантеллу. Загудел бубен и вспыхнула пляска, завертелась Нунча как змея.

Танцевала она долго, со многими. Было уже далеко за полночь, когда она, крикнув:

— Ну, Энри, ещё раз, последний! — снова медленно начала танцевать с ним. Глаза её расширились и, ласково светя, обещали многое... Но вдруг, коротко вскрикнув, она упала на землю...

Доктор сказал, что она умерла от разрыва сердца.

Вероятно...

6. Почему муж ушел от Нунчи?
   A) Он не мог терпеть жену и ранил её ножом.
   B) Ему не нравилось спокойно жить с женой.
   C) Он не мог терпеть, как жена общалась с другими.
   D) Ему хотелось только продавать ножи, а не овощи.

7. Почему некоторые были недовольны жизнью Нунчи?
   A) Потому что Нунча вела странный образ жизни.
   B) Женщины ревновали, а мужчины были разочарованы.
   C) Потому что из-за неё муж вынужден был уехать в Аргентину.
   D) Так как она была равнодушна ко всем: и к женщинам, и к мужчинам.

8. Как надо понимать слова «Ты заботишься о моём сердце, да? Хорошо, дочка, спасибо!?»
   A) Мать очень довольна тем, что дочь заботится о ней.
   B) Матери было неприятно, но она этого не показала.
   C) Мать рассердилась, что дочь так обращается с ней.
   D) Мать рассердилась, но все же сказала дочери спасибо.

9. «Наиболее сильное сердце — это сердце женщины, испытанное жизнью». На

что Нунча намекала?

A) На свою непростую судьбу.

B) На то, что мать всегда сильнее дочери.

C) На то, что сильной может быть только женщина.

D) На то, что дочь не должна огорчаться.

10. Что означала смерть Нунчи?

A) Зависть долго не продержится, справедливость всегда победит.

B) Как ни прекрасно настоящее, рано или поздно оно уступит будущему.

C) Если человек будет долго танцевать, то сердце может разорваться.

D) Мать не должна мешать своей дочери, как бы ни была молода она.

Текст 3   Джордано Бруно

Вся жизнь Джордано Бруно, одного из величайших философов Возрождения, была борьбой за научную истину.

Интересы его были самыми разносторонними. Он с увлечением изучал труды современных и античных философов, античную поэзию, труды по астрономии и физике. И вот в руки ему попала книга Коперника «О вращении небесных сфер».

Как известно, около полутора тысяч лет в науке господствовало представление о том, что центром мира является Земля, что она неподвижна, а вокруг неё вращается семь планет. Такое представление о строении Вселенной было основой мировоззрения в средние века. Такого же взгляда на строение Вселенной придерживалась церковь. Всякое сомнение в истинности этого мировоззрения считалось преступлением. Книга Коперника опровергала эту теорию, опровергала самые основы религиозного учения. Опираясь на результаты тридцатилетнего изучения Вселенной, Коперник пришёл к выводу, что Земля — только одна из планет Солнечной системы и что все планеты вращаются вокруг Солнца. Копернику удалось убедительно обосновать свою точку зрения. Гениально просто он объяснил, что мы воспринимаем движение далёких небесных тел так же, как и перемещение различных тел на Земле, когда сами находимся в движении.

Книга Коперника некоторое время свободно распространялась среди учёных. Деятели церкви не сразу поняли истинное значение работы Коперника: его утверждение, что Земля — не центр Вселенной, а всего лишь одна из планет, опровергало учение церкви. Труды Коперника были запрещены, а сторонников его учения стали ожесточённо преследовать.

Джордано Бруно, который стал горячим сторонником идей Коперника, вынужден был бежать из родного города, а потом и из родной страны.

Джордано Бруно был не только последователем учения Коперника. На основании этого учения он создал новое представление о Вселенной, далеко выходящее за пределы тех выводов, к которым пришёл Коперник. Если Коперник считал, что звёзды неподвижны, и был убеждён в том, что они находятся хотя и на очень большом, но всё же конечном расстоянии, Джордано Бруно пришёл к

ПОВТОРЕНИЕ 1

заключению, что Вселенная бесконечна. Он утверждал, что у Вселенной не может быть никакого центра. Огромное Солнце — всего только одна из звёзд. Каждая звезда — такое же Солнце. Бруно утверждал, что и Солнце, и звёзды вращаются вокруг своих осей. Он был убеждён, что в Солнечной системе, кроме известных уже планет, существуют и другие, пока ещё не открытые.

Бруно не мог подтвердить своих гениальных предположений. В то время ещё не было телескопов. Однако позднее они были подтверждены наукой: были открыты отдалённые планеты Солнечной системы — Уран, Нептун, Плутон, было доказано, что Солнце — рядовая звезда в гигантской звёздной системе Млечного Пути. Что Солнце вращается вокруг своей оси, было установлено вскоре после смерти Бруно, а доказательство вращения звёзд — одно из недавних завоеваний науки.

Долгие годы Джордано Бруно провёл в разных странах Западной Европы: был в Англии, Германии, Франции, Швейцарии. Везде он читал лекции, издавал свои книги, выступал против сторонников системы мира Птолемея. Вернувшись в Италию в 1592 году, он попал в руки инквизиции. Семь лет его держали в тюрьме, но он не отказался от своих убеждений. Когда его приговорили к сожжению на костре, он сказал: «Сжечь — не значит опровергнуть!»

11. К какому выводу пришел Коперник в результате изучения Вселенной?
    A) Земля — не центр Вселенной, а лишь одна из планет.
    B) Земля является одним из центров Вселенной.
    C) Вселенная не такая большая, как люди представляли.
    D) Звезды вращаются вокруг себя и Земли.
12. Кем был Джордано Бруно?
    A) Горячим сторонником идей Коперника.
    B) Одним из влиятельных философов Возрождения.
    C) Он является последователем учения Коперника.
    D) Джордано Бруно стал сторонником системы мира Птолемея.
13. Смог ли кто-нибудь подтвердить гениальное предположение Джордано Бруно?
    A) Коперник смог. Он использовал телескоп для подтверждения.
    B) Никто не смог, кроме самого Джордано Бруно.
    C) До сих пор наука не нашла подтверждения предположениям Бруно.
    D) Позднее предположения Бруно были подтверждены наукой.

Текст 4

Пошатнулось ваше здоровье, и тут же, как рябь по воде, пошли неприятности на работе. Нет денег, а на руках больные старики. А ты одна, и никто — ни муж, ни дети — не поинтересуется, что ты бьёшься из последних сил, чтобы продержать семью на плаву. Как это многим из нас знакомо! И беспокойные ночи, когда ты молча плачешь и молишься в темноту... Впрочем, что продолжать, где тот

счастливчик, что прожил жизнь, не испытав хоть раз боль от неудач и потерь? Таких, увы, нет.

Но, если нет возможности избежать черной полосы в жизни, нам надо думать, как её преодолеть.

Прежде всего, не разрешайте себе впадать в крайности —отчаиваться или озлобляться. Да, вы сейчас будто мишень, которая притягивает к себе всё нехорошее. Значит, надо изменить себя и всё вокруг так, чтобы притягивать доброе. Только для этого надо потрудиться над собой. Помните молитву к Святому Духу: «Приди и вселись в меня, и отчисти меня от всякой скверны».

Вы, наверное, заметили, что вам стали реже звонить, звать в гости. И как раз именно те, кто вам нужен, те, кому вы когда-то столько сделали, торопятся пройти мимо, а если вы к ним обращаетесь с просьбой, снисходительно отказывают. И нарастает ощущение безысходности из тупика.

Если все эти признаки налицо—совет может быть только один: ПЕРЕСТАНЬТЕ БЫТЬ ЖЕРТВОЙ!

Жертвой обстоятельств, личного невезения, чьего-то предательства. Всё это может быть на самом деле, но вы не должны чувствовать себя жертвой, вести себя как жертва. Поверьте, что вы не слабее и не глупее других. Жертву можно пожалеть, но взять её партнёром в деловое сотрудничество нельзя. Многим инстинктивно не хочется к ней подходить, чтобы «бациллы» невезучести, неудач не перескочили на тебя. Одна моя знакомая так прямо и сказала о своей подруге:

— Я ей больше не звоню. Она только жалуется. А у меня своих забот полно.

Ваша одежда, осанка, причёска, улыбка—всё должно говорить: «У меня всё нормально! Есть проблемы, но я их, конечно, решу». Если остались от прежней жизни хорошие духи, капните за уши—пусть этот нежный запах настроит ваши мысли на оптимизм. Страдания нам даются только по силам.

Перестаньте просить у тех, кто, по вашему, вам должен. И не обижайтесь на них. Если вы раньше щедро делали кому-то добро, — значит, такова была потребность вашей души. Разве требуют за эту плату? И выходите из дома не с несчастным лицом, а уверенная в себе, мудрая и сильная.

Невезучих нет. Есть те, кто поставил на себе крест и со страхом ждёт очередного удара судьбы. И—те, кто, несмотря ни на что, не считает себя побеждённой, верит и борется.

Желаю вам удач!

14. Что значит «черная полоса в жизни»?

  A) Это когда жизнь притягивает к себе всё нехорошее.
  B) Это когда человеку необходимо сходить в церковь.
  C) Это когда в жизни появляется целый ряд неприятностей.
  D) Это когда черная кошка пробегает через дорогу перед человеком.

15. Как нужно вести себя, когда знакомые перестают оказывать помощь?

  A) Если остались от прежней жизни хорошие духи, то обязательно нужно капнуть за уши.

ПОВТОРЕНИЕ 1

B) Ваша одежда, осанка, причёска, улыбка—всё должно быть идеально, прекрасно.

C) Будьте уверенны и верьте, что вы справитесь со всеми проблемами. Страдания нам даются только по силам.

D) Выходите из дома не с несчастным лицом, ваша одежда, осанка, причёска—всё должно быть в порядке.

三、综合知识 (Грамматика, лексика и стилистика, литература, страноведение, *30 мин.*)

Прочитайте предложения. Выберите правильный вариант и отметьте соответствующую букву на матрице.

ГРАММАТИКА

16. Хозяин дома не хотел дальше с нами беседовать, и нам ничего не оставалось, _____ попрощаться и уйти.
    A) как   B) если
    C) чтобы   D) кроме

17. Отец опять вернулся _____, что очень волновало всю семью.
    A) ни с чем   B) не с чем
    C) ни от кого   D) не от кого

18. Открылась дверь, в комнату вошла девушка с косами, _____ в белое платье.
    A) одевшая   B) надевшая
    C) одетая   D) надетая

19. Нет на свете женщины, которая _____ быть несчастной в браке.
    A) хотела   B) хотела бы
    C) захотела   D) ни хотела бы

20. Камень этот небольшой, но весит _____.
    A) тонну   B) на тонну
    C) тонн   D) тонна

21. У Иры ребёнок уже научился _____ с живота на спину, за ним нужно больше следить.
    A) переворачиваться   B) переворачивать
    C) перевернуться   D) перевернуть

22. Саша разбил мои линзы, думает, что я не знаю, и сидит там, как _____.
    A) ни в чём не бывало B) ни к селу ни к городу
    C) ни слуху ни духу   D) ни жив ни мертв

23. _____ пробовали лечить моё сердце, ничего не помогает! Что мне теперь делать?
    A) Чем только ни   B) Как бы ни
    C) Что только ни   D) Кем бы ни

24. В океане _____, как правило, становится ниже температура и солёность

воды.

A) с глубиной B) в глубине
C) с глубины D) на глубине

25. _____ мирового финансового кризиса мировая экономика потеряет к концу 2009 года 20 млн. рабочих мест.

A) В результате B) В силу
C) Ввиду D) Вследствие

26. По мере приближения _____ к Солнцу яркость и длина её хвоста достигает наибольших размеров.

A) кометы B) планеты
C) звезды D) спутника

27. Студенты не такой народ, чтобы не _____ занятия.

A) пропускать B) пропустить
C) пропустил D) пропускал

28. Геологи никак не ожидали, что в деревне их _____, как близких родственников.

A) встретят B) приняли
C) повстречаются D) воспримутся

29. Люди давно научились по облакам определять погоду, например, облака идут против ветра—_____.

A) в снегу B) к снегу
C) под снегом D) из-за снега

30. В китайской медицине эту траву тоже _____ как лекарство от кашля.

A) используют B) пользуются
C) использует D) пользуется

31. После метели в районе рухнуло более двухсот жилых построек _____.

A) под тяжестью снега B) тяжестью снега
C) от тяжести снега D) с тяжестью снега

32. Я не помню, _____ он пошёл в магазин, кажется, хотел купить свитер.

A) на чём B) за чем
C) в чём D) с чем

33. Чтобы не _____ на самолёт, нам нужно выехать в аэропорт через 10 минут.

A) опоздать B) опоздаем
C) опоздали D) опаздываем

34. В Москве _____ скончалась Народная артистка РФ, кукловод Марта Цифринович.

A) в 85 году B) на 85 году
C) в 85 лет D) на 85 лет

35. Не забывайте, на то мы и люди, _____ побеждать в себе зверя.

A) чтобы B) если
C) поскольку D) причём

36. —Простите, где здесь ближайшая мастерская _____ часов?

A) для ремонта B) с ремонтом
C) по ремонту D) ремонта

ПОВТОРЕНИЕ 1

37. Новая продукция является результатом развития старой модели, летом прошлого года.

    A) выпускавшей B) выпустившей
    C) выпускающей D) выпущенной

38. В четверг на Ленинградском вокзале частично обрушились строительные леса, _____ пострадали двое рабочих–маляров.

    A) вследствие чего B) ввиду чего
    C) в силу чего D) в связи с чем

39. Директор_____ да только дела срываются одно за другим.

    A) обещать–то обещал B) обещал, обещал
    C) обещал, не обещал D) обещать не обещать

40. Гриша совсем забыл обо мне. А тут вдруг взял и _____ огромный букет цветов.

    A) покупал B) купил
    C) покупает D) купит

ЛЕКСИКА И СТИЛИСТИКА

41. Нам нужен проект театра с _____ архитектурой, который подошёл бы для старой части города.

    A) выразительной B) заразительной
    C) поразительной D) изобразительной

42. Выведи меня из затруднительного положения, помоги в эту минуту, из беды.

    A) вручай B) поручай
    C) приручай D) выручай

43. Мне ни разу не _____ побывать в Зимнем дворце. Как–нибудь да съезжу в Санкт–Петербург.

    A) довелось B) доведется
    C) доводится D) доводиться

44. До выполнения контракта оставался месяц. Мы _____ сами налаживать выпуск отдельных деталей.

    A) необходимы B) заставлены
    C) вынуждены D) принудительны

45. На этой фотографии хорошо видно, как майский жук _____ листья малины.

    A) поедает B) кушает
    C) съел D) откусил

46. Сегодня пробки в крупных городах стали обычным явлением, не является _____ и Москва.

    A) включением B) подключением
    C) приключением D) исключением

47. Донская лошадь—одна из самых _____ пород лошадей.

    A) выносливых B) стойких
    C) крепких D) закаленных

48. Ты мне зубы не _____. Скажи лучше, куда ты ездил и чем занимался?
    A) уговаривай   B) заговаривай
    C) приговаривай   D) договаривай

49. Сперва я бежала, _____, затем пошла, а потом совсем свалилась с ног.
    A) сколько хватило сил   B) только хватало сил
    C) столько было сил   D) только была сила

50. Политические реформы откладываются в _____ ящик по мере того, как приоритетом становятся президентские выборы.
    A) длинный   B) долгий
    C) чёрный   D) тёмный

51. Концерт прошел в «Олимпийском», который поклонники _____ до отказа
    A) пробили   B) забили
    C) побили   D) перебили

52. Это их _____ маневр, мы должны действовать по своему плану.
    A) отвлекающий   B) привлекающий
    C) развлекающий   D) увлекающий

53. — Получите свою посылку и _____, пожалуйста, здесь.
    A) подпишитесь   B) распишитесь
    C) пропишитесь   D) выпишитесь

54. Русская пословица гласит: «Труд человека кормит, а лень _____».
    A) портит   B) учит
    C) нарушает   D) разрушает

55. Из-за сильного града _____ все цветы, которые мы посадили весной.
    A) погибли   B) умерли
    C) сдохли   D) скончались

56. Вирус грипп H1N1 передается от человека к человеку воздушно-капельным ____, также как и обычный сезонный вирус гриппа.
    A) образом   B) способом
    C) путем   D) методом

57. Хозяина давно не было здесь, и дом был _____, везде пыль, паутина.
    A) отпущен   B) запущен
    C) выпущен   D) распущен

58. Случаи заражения домашней птицы гриппом носят _____ характер, но все же необходима вакцинация.
    A) единичный   B) одинокий
    C) единственный   D) единый

59. Природой здесь нам суждено в Европу прорубить окно. В этом предложении используется _____.
    A) сравнение   B) олицетворение
    C) синекдоха   D) метафора

60. — Имеете ли вы в чём-нибудь нужду?
    — В крыше для моего семейства.
    Здесь используется _____.

ПОВТОРЕНИЕ 1

A) метонимия B) метафора
C) синекдоха D) сравнение

ЛИТЕРАТУРА

61. Главными героями в романе «Русский лес» являются _____.
    A) Соколов и Базаров B) Вихров и Грацианский
    C) Антипов и Рудин D) Чичиков и Синцов
62. «Бедная Лиза» — шедевр известного писателя русского сентиментализма ____.
    A) Карамзина B) Жуковского
    C) Грибоедова D) Гончарова
63. Роман Л. Н. Толстого, из которого взято знаменитое изречение «Все счастливые семьи похожи друг на друга, каждая несчастливая семья несчастлива по–своему», называется _____.
    A) «Воскресение» B) «Война и мир»
    C) «Анна Каренина» D) «Хождение по мукам»
64. _____ — важнейшая веха на пути трансформаций представлений о герое литературы, концепции личности в истории русской литературы 20 века.
    A) «Кто виноват?» B) «Живые и мёртвые»
    C) «Что делать?» D) «Судьба человека»
65. Великий русский критик В. Г. Белинский назвал _____ энциклопедией русской жизни.
    A) Роман в стихах «Евгений Онегин» B) Рассказ «Смерть чиновника»
    C) Пьесу «Три сестры» D) Поэму «Руслан и Людмила»

СТРАНОВЕДЕНИЕ

66. 21 октября 2010 года _____ был избран новым мэром города Москвы.
    A) Сергей Собянин B) Юрий Лужков
    C) Анатолий Собчак D) Валентина Матвиенко
67. Знаменитая картина «Утро стрелецкой казни» принадлежит кисти _____.
    A) А. А. Иванова B) Н. Н. Ге
    C) И. Н. Крамского D) В. И. Сурикова
68. Военный многоцелевой всепогодный истребитель Су–27 разработан в ОКБ _____ еще в конце 60 годов.
    A) Суворова B) Сурикова
    C) Сухого D) Сухомлинского
69. Опера «Борис Годунов», над которой _____ работал больше года, вошла в репертуар Большого театра.
    A) М. П. Мусоргский B) М. И. Глинка
    C) П. И. Чайковский D) С. В. Рахманинов

70. Как утверждают историки, первым царём в истории России стал _____.
   A) Иван IV   B) Николай I
   C) Пётр I   D) Василий III

71. Знаменитая картина «Грачи прилетели» принадлежит кисти русского художника _____.
   A) В. И. Сурикова   B) А. К. Саврасова
   C) В. Г. Перова   D) И. Н. Кромского

72. Первая АЭС в мире была введена в строй в 1954 г., в городе _____ России.
   A) Курске   B) Иванове
   C) Обнинске   D) Смоленске

73. В _____ году Зимняя Олимпиада состоится в городе Сочи РФ.
   A) 2012-ом   B) 2013-ом
   C) 2014-ом   D) 2015-ом

74. Красный угол в русской избе—это место для _____.
   A) гостей и икон   B) женщин и детей
   C) цветов и самовара   D) кровати и печки

75. В январе студенчество России отмечает свой праздник—_____, он же и день Студента.
   A) Татьянин День   B) День Ивана Купала
   C) День знаний   D) День Святого Валентина

四、翻译 (Перевод, *50* мин.)

1. Переведите выделенные предложения на китайский язык.

Избранный президент ЕС дал пресс-конференцию

(1) <u>У Единой Европы появился первый президент и министр иностранных дел. Собравшиеся в бельгийской столице в Брюсселе лидеры стран ЕС далеко ходить не стали, избрав на высший пост премьер-министра Бельгии.</u>

Председатель Еврокомиссии Жозе Мануэль Баррозу, который, кстати, сохранил свой пост, сделал ценный подарок премьер-министру Швеции, председательствующей сейчас в Евросоюзе. Фредрик Рейнфельд удостоился кубика Рубика с изображением стран ЕС за то, что, по словам Баррозу, сделал невозможное.

(2) <u>Сначала десять кандидатов, потом шесть, затем выяснилось, что премьер-министр Нидерландов не говорит по-французски, а это обязательное условие для президента Европы.</u>

Потом сама Великобритания отозвала кандидатуру Тони Блэра как самого непопулярного. Но активность бывшего президента Латвии Вике-Фрейберга вызывала стойкое неприятие Ангелы Меркель и Николя Саркози.

(3) <u>В результате выбор пал на 62-летнего малоизвестного премьера-министра Бельгии. Католик, профессор философии и экономики Херман ван Ромпей премьерствовал меньше года. Но именно он в конце 2008 года смог вывести Бельгию из невиданного доселе политико-финансового кризиса.</u>

Вот и накануне на своей первой пресс-конференции, сразу после избрания

ПОВТОРЕНИЕ 1

президентом Европы, Ван Ромпей говорил о том, что теперь завершен и институционный кризис в самой Европе.

(4) Что же касается второго по значимости европейского поста — министра иностранных дел, в ведении которого теперь будет и экономическая стратегия единой Европы, то он достался еврокомиссару от Великобритании по торговле, баронессе Эштон. Она — еще более компромиссная фигура. Отозвав кандидатуру Тони Блэра, Великобритания, по сути, поставила Франции и Германии условие: мы поддержим вашего бельгийца только при условии министерского кресла для Эштон.

(5) Херман ван Ромпей вступит в должность 1 января 2010 года. И пока функция президента ЕС — это исключительно председательствование в Европейском совете. Именно ван Ромпей за 2,5 года своего президентского мандата должен, по сути, определить свои права и обязанности. И только одно останется неизменным — это зарплата президента, 24 тысячи евро в месяц без налогов.

2. Переведите выделенные предложения на русский язык.

（1）2010年11月24日国务委员刘延东与俄罗斯副总理茹科夫共同出席了在莫斯科举行的俄罗斯"汉语年"闭幕式并发表讲话。

刘延东说，(2)当前，中俄战略协作伙伴关系健康稳定快速发展，达到历史最高水平。两国人文交流与合作空前活跃，成果丰硕，成为中俄关系蓬勃发展的新亮点。中俄互办"语言年"活动，进一步开创了两国人文交流与合作的新局面。中俄人文领域交流与合作为推动中俄战略协作伙伴关系发展发挥了独特而重要的作用。

中俄互办"语言年"是两国领导人达成的重要共识，是一项富有远见的战略举措，对增进中俄两国人民之间相互了解和友谊，夯实中俄战略协作伙伴关系社会基础具有重要意义。(3)"语言年"期间，双方共同举办了丰富多彩的活动，促进了汉语和俄语在对方国家的推广，深化了中俄传统友谊，产生了积极而广泛的社会影响。

（4）随着中俄"语言年"的圆满结束，中俄人文交流将开启新的篇章，中方愿与俄方携手努力，将两国人文交流与合作提高到新水平。

茹科夫在致辞中说，俄中战略协作伙伴关系全面深入发展符合两国和两国人民的长远和根本利益。在俄中人文合作委员会推动下，两国人文合作卓有成效，为两国关系发展增添了动力。俄中互办"语言年"活动圆满成功，极大促进了两国人民的相互了解和友好往来。(5)俄方愿与中方一道，继续拓展两国人文领域交流与合作，推动两国关系持续深入向前发展。

五、写作 (Сочинение, 40 мин.)

Тема: «Выбор будущей профессии» (не меньше 180 слов).

План сочинения:

1) Моя мечта;

2) Мои критерии выбора профессии;

3) Мой путь к цели.

УРОК 6

Дотекстовый диалог

— Международный день детей — один из самых старых международных праздников. Интересно, а почему этот праздник отмечается именно 1 июня?

— История умалчивает об этом. По одной из версий, в 1925 году Генеральный консул Китая в Сан-Франциско собрал группу китайских детей-сирот и устроил для них празднование Дуань-у цзе (Фестиваля лодок-драконов), дата которого как раз пришлась на 1 июня. По счастливой случайности день совпал и со временем проведения «детской» конференции в Женеве.

— Но есть и другая версия. Праздник День защиты детей был учреждён в ноябре 1949 года решением Международной федерации женщин. Ежегодно этот праздник отмечается более чем в 30 странах мира. **ООН** поддержала эту инициативу и объявила защиту прав, жизни, здоровья детей одним из приоритетных направлений своей деятельности.

— Я не совсем понимаю, защиту каких прав?

— 20 ноября 1959 года была принята Декларация прав ребёнка, она провозглашает равные права детей в области воспитания, образования, социального обеспечения, физического и духовного развития независимо от цвета кожи, национальной принадлежности, общественного происхождения, имущественного положения и др. Декларация призывает родителей, общественные организации, правительства признать права детей и содействовать их осуществлению.

— Это благое дело, ведь сегодня многие дети нуждаются в защите. Особенно те, кому не хватает родительской любви.

— Но у таких детей есть шанс стать счастливыми, если найдутся люди, которые захотят их усыновить.

— Такое, к сожалению, встречается не так часто, как хотелось бы. Недавно в газете прочитала страшные цифры: по официальным данным, за 2006 год в России 800 тысяч детей лишены родительского попечения и воспитываются в государственных учреждениях. Лишь 8% из них — настоящие сироты, все остальные — сироты при живых родителях.

— Детей, которым нужны тепло и забота, в России очень много, но, к сожалению, совсем нет очередей из желающих их усыновить.

— Но разве детям, живущим в детских домах, плохо? У них достаточно игрушек, одежды, спортивного инвентаря, одежды. Они не обделены хорошим питанием...

УРОК 6

— Это всё, конечно, хорошо. Но родительскую любовь и тепло невозможно всем этим заменить. Семья для брошенного ребёнка — единственный шанс «встроиться» в общество, получить образование, реализоваться, создать потом свою полноценную семью. Лишь один из десяти детей, не нашедших семью, устраивает жизнь относительно удачно.

— А я знаю ещё и другие цифры. В России 5,5 миллионов бездетных пар. А брошенных детей только 800 тысяч...

— Эти цифры перекрывают друг друга только на бумаге, они не сходятся в действительности. Миллионы бездетных взрослых... Сотни тысяч детей в приютах. Почему так происходит?

— Всякая семья, взявшая ребёнка (особенно, если речь идёт не о младенце), проходит непростой период взаимной адаптации — возникает множество психологических и педагогических проблем. Помощи в этих вопросах специалисты органов опеки или сиротских домов не оказывают. Приёмным родителям приходится самим искать выход.

— Да, проблем, к сожалению, очень много...

КОММЕНТАРИИ

ООН — Организация Объединённых Наций 联合国

СЛОВАРЬ

умолчать [完]; умалчивать [未]: (о чём), умышленно не сказать о чём-н. 避而不谈, 闭口不说, 一字不提
умолчать о своих успехах; умолчать факт нарушения правил

декларация: официальное или торжественное программное заявление 〈书〉宣言, 声明
зачитать декларацию с протестом; торговая декларация; Декларация прав народов России

усыновить [完]; усыновлять [未]: (кого) принять в семью (мальчика, девочку) на правах родного сына, дочери 收……为义子(义女)
усыновить мальчика и двух девочек
Бойцы усыновили сироту.

попечение: покровительство, забота 照管, 照顾; 保护, 操心
дети, оставшиеся без попечения родителей; оставить квартиру на попечение родителей

приют: благотворительное учреждение для проживания и воспитания сирот, бездомных или одиноких, нуждающихся людей (革命前俄国的) 孤儿院
тихий приют; потерять приют; приют для престарелых; сиротский приют;

83

просить приюта

адаптация: приспособление организма к изменяющимся внешним условиям 适应（使机体适应外部条件）

физиологическая; социальная адаптация

опека: наблюдение за недееспособными лицами (малолетними, душевно-больными и т.п.) и попечение об их воспитании, правах и т.п.（对儿童、有精神病的人等的）监护，保护，托管

взять кого-л. под свою опеку; мелочная опека; находиться под постоянной опекой; освободиться от чьей-л. опеки

ВОПРОСЫ К ДИАЛОГУ

Какая проблема поднята в тексте?
Предложите пути решения данной проблемы?
Расскажите, отмечается ли в вашей стране День защиты детей? Как?

Текст   Широка... душа моя родная

Алексей Коротяев

Аэропорт жил своей обычной жизнью: внимательно встречал и безразлично провожал. Пассажиры, привыкшие к его навязчивой подозрительности, не возмущались и терпеливо позволяли сосредоточенным, очень похожим на ведущих их проводников служебным собакам обнюхивать свои вещи. Транзитники, узнаваемые по тому, с каким удовольствием они разминали ноги после часов, проведённых в неудобных креслах, неторопливо прохаживались по отполированным, почти стерильным каменным полам огромных холлов. Некоторые делали для развлечения покупки в Дьюти-Фри, другие же сразу спешили найти свои терминалы, боясь пропустить рейс.

Я, несомненно, принадлежала к первой категории.

До самолёта было ещё два часа, и я убивала их, рассматривая женские журналы в одном из киосков. От этого бессмысленного занятия меня отвлёк очень родной и поэтому ещё более странно звучащий в иностранном аэропорту женский голос:

— Казакова!

Раскинув руки, я побежала навстречу его обладательнице, и мы сплелись в шумном объятии.

— Маринка, ты!
— Иркка!!!!

Много лет не виделись. Маришка — моя самая верная школьная подруга. Изящная, красивая и добрая, она почему-то вышла замуж позже всех девчонок в

нашем классе. В то время как у других уже появились внуки. Муж старше её на 15 лет, канадец, какой-то профессор. Влюбился без памяти, увидев Марину на курорте в Болгарии, куда он приехал на конференцию по энергетике, и ... увёз к себе.

Мы не могли наглядеться друг на друга и только без конца повторяли по очереди:

— Маринка!

— Ирка!

— Куда ты летишь? — спросила я, наконец, подругу.

— На родину, — ответила та, широко улыбаясь.

— Надо же! А я наоборот. На чужбину. На заработки. Сыну на свадьбу. У тебя дети есть?

Марина с радостью кивнула.

— Теперь есть. Усыновили девочку из детдома в прошлом году. Сейчас вот опять едем с мужем. Хотим мальчика взять.

— Смело! Двоих, в наше время! Чужих...

Марина посмотрела на меня без обиды, но с едва заметным холодком в глазах.

— Своих Бог не дал!

Я поняла, что сказала глупость, и покраснела. Маринка начала меня успокаивать:

— Всё нормально. Многих удивляет, не тебя одну.

— А откуда девочка? — спросила я.

...

— О! Это, — подруга помолчала, — целая история. Рассказать?

— Конечно, Мариночка!

Мы подошли к ближайшему ряду расположенных вдоль стен кресел и присели на свободные места.

— В прошлом году, — начала Марина, — я предложила мужу усыновить ребёнка из детского дома, и он с радостью согласился. Сколько нервов и денег нам это стоило, лучше не спрашивай. Но... изнурительные формальности остались позади, официальное добро было получено, и мы, наконец, получили разрешение на то, чтобы выбрать. Страшно это звучит «выбрать», как будто речь идёт о паре ботинок из магазина, но действительность оказалась страшнее.

Прилетели. Директорша, которой я подарила французские духи после её прямого намёка на «возможные трудности», заговорщически сообщила мне:

— Завтра на «смотринах» я подскажу вам, у кого родители пьяницы были и кто с хроническими заболеваниями. Чтобы не выбрали ненароком «бракованного». Потом отблагодарите!

Я тогда и половины не слышала из того, что она говорила. А о том, будет ребёнок больным или здоровым, клянусь, даже не задумывалась. Мечтала только поскорее детей увидеть. Мы с мужем полагали, что зайдём, сядем где-нибудь в уголочке и будем тихонечко за ними наблюдать. Сердце подскажет, кому нашим стать. Конфет шоколадных набрали для всех. То, как это произошло на самом деле, до сих пор вспоминаю с содроганием. Не только мы, оказывается, готовились к встрече. За ужином детям сообщили, что на следующий день к обеду приедут богатенькие дядя с тетей и будут выбирать себе ребеночка, чтобы взять в семью. Нужно продемонстрировать какой-нибудь талант, а то шансов... сами понимаете... Вон, мол, вас сколько...

Когда мы с Майклом вошли в комнату, дети прекратили играть и разбежались друг от друга, как капельки воды, упавшие на вощёную бумагу. Малышам в этой группе было от трёх до пяти лет. Они прогуливались, не сводя с нас глаз, и в то же время внимательно наблюдая за потенциальными соперниками и соперницами. Каждый хотел произвести хорошее впечатление. Детский ум выдумывал на ходу стратегические ходы, по которым разыгрывалось это сражение за собственное счастье... Внезапно один мальчуган подбежал к Майклу и, теребя его за брюки, сказал, закинув белобрысую головку вверх:

— Я стихи знаю: Миллион, миллион, миллион алых роз...

Закончить поэму не дали и в мгновение ока оттеснили. Ведь по правилам не жаловаться, не заговаривать с гостями нельзя, пока те сами что-нибудь не спросят.

Майкл присел на корточки рядом с завязывающим шнурок крохотным мальчишкой и задал вопрос одной из немногих фраз на русском, которые ему удалось выучить:

— Как те-бья зо-вут?

Мальчик занервничал и вместо того, чтобы назвать своё имя, торопливо выпалил:

— Я дрова могу рубить. Любые...

Тут всех остальных детей как будто прорвало. Они окружили меня с мужем и стали наперебой выкрикивать:

— Я могу картошку чистить... Я могу полы мыть... А я..., я..., а я...

Я заметила худенькую девочку, сидящую тихонько в стороне от всех на стульчике и не принимающую участия в этом разноголосом хороводе застиранных, бесцветных платьиц и рубашечек. Подошла к ней. Спросила: «А что ты тут одна сидишь? Не подходишь...»

Девочка посмотрела на меня и серьёзно ответила:

— Чего стараться. Я здесь останусь. Я ничего не умею делать, — и, широко открыв огромные печальные глаза, добавила, — и не хочу!

Мой муж радостно крутил головой по сторонам, разглядывая детвору, трогал стриженные шарики детских головок и счастливо улыбался. Каждый малыш старался оказаться под его рукой хотя бы на миг, как будто это была волшебная кнопка, от которой зависела его судьба. Майкл попросил меня перевести то, что выкрикивали дети. Я перевела... Улыбка исчезла с его лица. Помню, что мы извинились и уехали, сославшись на нездоровье.

Два дня просто болели. По-другому не назовёшь. Плакали, вспоминая детские глаза, представляли этих крох, придумывающих планы: как произвести на нас впечатление и доказать... свою полезность в хозяйстве, считая, что без этого «ни за что не возьмут». Каждый малыш отчаянно торопился быть услышанным, боялся

УРОК 6

остаться незамеченным и упустить свой шанс...

Тогда мы и решили, что не ограничимся одним ребёнком из этого дома.

Мы взяли девочку. Ту, которая уже ни на что не надеялась.

Первое время было трудно. Бедняжка объедалась. В девочкиной комнате и её вещах были припрятаны сладости и фрукты. Она даже по ночам ела. Лиза у нас славная! Умница! Потихоньку отогрелась. Правда, иногда ещё бывали случаи. Например, на море она бегала по пляжу, толкала ничего не понимающих детей, крича им громко по-русски: «Моя вода! Мой песок!» Майкл тогда прижал её крепко к себе и долго гладил успокаивая.

Сейчас наша красавица говорит по-французски лучше, чем я. Честное слово! У детей это лучше получается.

Марина посмотрела на часы:

— Иришка, я пойду. Пора. Безумно рада была увидеть тебя! ... А знаешь, мы уже решили. Того... с топором, обязательно возьму. Привезу... и пусть что-нибудь рубит!

КОММЕНТАРИИ

Алексей Коротяев — современный писатель.

Дьюти-фри (англ. duty free) — магазин беспошлинной торговли. Обычно располагается в месте пересечения государственной границы (в том числе в портах, аэропортах) на «нейтральной» территории, то есть за пределами таможенной территории государства. 免税店

СЛОВАРЬ

обнюхать [完]; обнюхивать [未]: (кого-что) понюхать со всех сторон 闻遍，嗅遍
 Собака обнюхала все углы.
 Мы здесь каждый уголок обнюхали.

транзитник: транзитный пассажир〈口〉中转旅客

размять [完]; разминать [未]: (кого-что) делая движения или заставляя двигаться, привести в состояние физической бодрости〈转，口〉使(身体某部分)活动活动
 размять кости

отполировать [完]; полировать [未]: (что) натирая, придавать блестящий, гладкий вид чему-н. 抛光，研磨，擦亮
 отполировать стол
 Ветер и вода отполировали камень.

сплестись [完]; сплетаться [未]: соединившись, сцепиться〈转〉交叉，交错
 Ветви деревьев сплелись.
 Интересы сплелись.

Судьбы сплелись.

объятие: движение или положение рук, охватывающих кого-н. для ласки 拥抱, 怀抱

броситься в объятия; выскользнуть из чьих-л. объятий; заключить в объятия

изящный: отличающийся изяществом 优美的, 优雅的, 雅致的

изящный почерк; изящная фигурка

детдом: сокращение: детский дом 保育院

вырасти в детдоме

изнурительный: истощающий силы 极其消耗精力的; 繁重的

Крестьянский труд изнурительный.

намёк: слово или выражение, в котором не полностью высказанная мысль может быть понята только по догадке 暗示, 暗语; 〈转〉一点迹象

говорить намёками; делать намёки

пьяница: тот, кто пьянствует, алкоголик 酒鬼, 醉汉

горький (горькая) пьяница

ненароком: разг. ненамеренно, случайно〈口〉偶然(地), 无意中

содрогание: судорожное движение от сильного чувства; волнение, трепет 颤抖, 战栗

Без содрогания не могу вспоминать весь этот ужас.

сражение: крупное боевое столкновение войск, армий 战役; 会战

решающее, морское... сражение; ход сражения; участник сражения

белобрысый: разг. с очень светлыми волосами, бровями и ресницами〈口〉头发(或眉毛、睫毛等)淡色的, 浅色的

Ой, какой он белобрысый.

оттеснить [完]; оттеснять [未]: (кого-что) тесня, заставить уйти, отодвинуться 挤开, 挤走; 逼退

оттеснить противника на восток
Нас оттеснили друг от друга.
Новые впечатления оттеснили все события прошлого.

шнурок: тонкий шнур, тесемка 细带, 细绳

завязать шнурки
Шнурок развязался.

крохотный: совсем крошечный, очень маленький〈口〉极小的, 很微小的

крохотный птенец

выпаливать [完]; выпалить [未]: разг. (что) сказать, выкрикнуть внезапно и быстро; сказать одним духом〈口〉一口气说出

выпалить новость единым духом

прорывать [完]; прорвать [未]: (что) пробиться сквозь что-н., сломив сопротивление 突破, 冲破

прорвать линию обороны

наперебой: перебивая, прерывая друг друга 争先恐后地, 抢着

наперебой объяснять

хоровод: 1). русская народная игра — движение людей по кругу с пением и

УРОК 6

пляской, 2). о круге, образованном взявшимися за руки детьми и взрослыми 轮舞，环舞，圆圈歌舞（俄罗斯民间歌舞的一种）；〈集〉跳轮舞（环舞，圆圈歌舞）的人们

кружиться в хороводе; водить хоровод вокруг елки

сослаться [完]; ссылаться [未]: (на кого-что) указать на кого-что-н. в оправдание чего-н. или в подтверждение чего-н. 引证（……的话），援引（……的话）；借口（说）

сослаться на авторитетный источник

кроха: маленький ребёнок〈口〉小孩

бедняга: *разг.* несчастный, жалкий или заслуживающий сожаления человек〈口〉不幸的人，可怜的人 ‖〈昵〉бедняжка

Скучали без нас, бедняги?

объесться [完]; объедаться [未]: съесть слишком много, до пресыщения 吃得过多（过饱）

За обедом объелись до безобразия.
Объелись блинами.

топор: орудие для рубки в виде насаженной на деревянную рукоять толстой железной лопасти с острым лезвием с одной стороны и обухом с другой 斧子，斧头

боевой топор; плотницкий топор

ВОПРОСЫ К ТЕКСТУ

(1) Какая проблема поднята в тексте? Как вы думаете, актуальна ли она в наше время?

(2) Назовите героев рассказа. Что вы узнали о них?

(3) Почему Ирина удивилась, узнав, что Марина взяла на воспитание детей из детского дома?

(4) Что вы узнали о детях из детского дома? Как их изображает автор?

(5) Почему Марина взяла девочку Лизу? А почему решила усыновить и малыша «того..., с топором»?

(6) Как проходит процедура усыновления ребенка?

(7) Как вели себя дети «на смотринах»? Почему?

(8) Как вы поняли смысл названия рассказа? Предложите свои варианты названия, обоснуйте их.

ЗАДАНИЯ

I. Расскажите о своих впечатлениях после чтения текста, используя в ответе «слова-впечатления».

с удовольствием; убедительно; проникновение; максимально точно и бережно; не оставляет равнодушным; напряжённо; простота и ясность; заставил

задуматься; понять, как ужасно; преподносит уроки мудрости; страшно; правдиво; буря чувств; актуальное произведение; смятение чувств

II. Выпишите из текста слова, передающие состояние героев в детском доме и после его посещения.

Почему после посещения детского дома они «просто болели»?

III. Установите соответствие между колонками и составьте свои предложения с данными словами.

потенциальный	полностью обеззараженный, очищенный от микроорганизмов
стратегический	напряжённый, устремлённый на что-л.
хронический	о болезни: длящейся много времени, затяжной
навязчивый	назойливый, надоедливо пристающий
сосредоточенный	искусство планирования руководства, основанное на далеко идущих прогнозах
стерильный	возможный

IV. Расскажите историю девочки Лизы от её имени.

V. Прочитайте высказывания известных людей о детях. Выразите своё отношение к данным высказываниям: согласие, возражение, сомнение. Выберите наиболее понравившееся вам и объясните свой выбор.

Чужих детей не бывает.

Хиллари Клинтон

Дети, которых не любят, становятся взрослыми, которые не могут любить.

Перл Бак

VI. Переведите словосочетания на китайский язык.

Генеральный консул Китая в Сан-Франциско, Декларация прав ребёнка, Международная федерация женщин, национальная принадлежность, цвет кожи, общественное происхождение, имущественное положение, благое дело, детский дом, брошенный ребёнок, сиротский дом, приёмные родители, хронические заболевания, продемонстрировать талант, вощёная бумага, завязывать шнурок

VII. Прочитайте предложения и составьте свои с выделенными конструкциями.

(1) В 1925 году дата Дуань-у цзе (Фестиваля лодок-драконов) как раз **пришлась** на 1 июня.

(2) Праздник День защиты детей был **учреждён** в ноябре 1949 года решением Международной федерации женщин.

УРОК 6

(3) Это благое дело, ведь сегодня многие дети **нуждаются** в защите.

(4) **По официальным данным**, за 2006 год в России 800 тысяч детей лишены родительского попечения и воспитываются в государственных учреждениях.

(5) По счастливой случайности день **совпал** и со временем проведения «детской» конференции в Женеве.

(6) Эти цифры перекрывают друг друга только на бумаге, они не **сходятся** в действительности.

(7) Они прогуливались, **не сводя** с нас **глаз**, и в то же время внимательно наблюдая за потенциальными соперниками и соперницами.

(8) Майкл **присел на корточки** рядом с завязывающим шнурок крохотным мальчишкой и задал вопрос.

(9) Помню, что мы извинились и уехали, **сославшись** на нездоровье.

(10) Каждый малыш отчаянно торопился быть услышанным, боялся остаться незамеченным и **упустить** свой **шанс**...

VIII. Замените выделенные слова и словосочетания синонимами или синонимичными выражениями.

(1) Декларация прав ребёнка **провозглашает** равные права детей в области воспитания, образования, социального обеспечения, физического и духовного развития

(2) До самолёта было ещё два часа, и я **убивала** их, рассматривая женские журналы в одном из киосков.

(3) Я побежала навстречу его обладательнице, и мы **сплелись в шумном объятии**.

(4) **Влюбился без памяти,** увидев Марину на курорте в Болгарии, куда он приехал на конференцию по энергетике, и ... увёз к себе.

(5) Я подарила директорше детдома французские духи после её прямого намёка на «**возможные трудности**».

(6) Завтра на «смотринах» я подскажу вам, у кого родители пьяницы были и кто с хроническими заболеваниями. Чтобы не выбрали **ненароком** «**бракованного**».

(7) Мальчик занервничал и торопливо **выпалил**: «Я дрова могу рубить. Любые...»

(8) Дети окружили меня с мужем и стали **наперебой** выкрикивать: «Я могу картошку чистить... Я могу полы мыть...»

(9) Майкл попросил меня перевести то, что выкрикивали дети. Я перевела... **Улыбка исчезла с его лица**.

(10) Иришка, я пойду. Пора. **Безумно** рада была увидеть тебя!

IX. Определите и сопоставьте значения глагола крыть с разными приставками.

открывать — открыть (открытие), закрывать — закрыть (закрытие), покрывать (–ся) — покрыть (–ся) (покрытие), скрывать — скрыть, перекрывать — перекрыть (перекрытие), раскрывать — раскрыть, накрывать — накрыть, вскрывать (–ся) — вскрыть (–ся)

X. Прочитайте предложения и переведите их на китайский язык.

(1) Малый бизнес продолжает *открывать* дополнительные рабочие места.

(2) В крупнейшем музее Греции — в Национальном археологическом музее Афин — после пятилетнего перерыва *открывается* египетский зал.

(3) Если в интересах дела выгоднее *закрыть* предприятие, чем продолжать деятельность, руководство должно быть готово к трудностям ликвидации.

(4) Мне хотелось *закрыть* глаза,
Чтобы больше не видеть света,
Не грешить, не любить, не знать,
Как непросто тебя терять.

(5) *Закрывать* лицо руками...
Падать в пропасть, обессилев...
Растворять густые крылья
В полумраке океана...

(6) Стол *накрою*, гостей соберу.
Повод есть — это мирное небо.
Для детишек затею игру,
Птицам кину вчерашнего хлеба.

(7) Сегодня около половины девятого утра сотрудники ДПС на одну минуту *перекрыли* движение по Московскому шоссе в Петербурге. Как рассказал помощник председателя комитета по дорожному хозяйству и транспорту Сергей Нечаев, ставший свидетелем событий, виновницей этой задержки стала мама–утка с утятами, которая не могла перейти оживлённое шоссе. При помощи сотрудников ДПС она смогла спокойно пересечь дорогу и *скрылась* с утятами в ближайших камышах.

(8) Музыка не *раскрывает* смысла, она влияет только на настроение. Смысл *раскрывают* только слова.

(9) *Скрыть* правду не удастся!

(10) Захлопнулась дверь, заел замок, ключ сломался в замке? Мы поможем *открыть* замок, *вскрыть* замок без повреждения двери. В нашей компании работает более 20 мастеров, каждый из которых готов в любую минуту прийти к вам на помощь.

(11) Генеральная прокуратура *вскрыла* нарушения прав детей почти в половине регионов страны.

(12) Синоптики советуют москвичам внимательнее смотреть под ноги: улицы города *покрылись* тонкой, почти невидимой корочкой льда.

XI. Вместо пропусков вставьте подходящий по смыслу глагол из задания IX.

(1) ... собственный бизнес с нуля, который станет стабильным и успешным, можно в любое время.

УРОК 6

(2) Власти Чада в понедельник приняли решение... границу с Суданом, сообщает AFP.

(3) Надо уметь... скучную книгу, уходить с плохого кино и расставаться с теми людьми, которые не дорожат тобой.

(4) Сильная снежная буря ... северо-восток США.

(5) В челябинском зоопарке День медведя совпал с православным праздником — Медовым Спасом. В этот день в городском зверинце... праздничный стол для тех, кто ведает мёдом.

(6) На станции Дугда люди хотели... железнодорожные пути. К отчаянному шагу их подтолкнули проблемы с водоснабжением.

(7) Искусство должно... глаза на идеалы.

(8) Каждой женщине кажется, что у неё обязательно есть недостаток, который необходимо... при помощи одежды.

(9) После того, как будет... сейф, мастер восстановит код, а при необходимости изготовит ключ к замку на месте, при Вас, и объяснит, как правильно пользоваться сейфом.

(10) Вы не можете попасть в квартиру или офис, и Вам необходимо произвести вскрытие замков?! Наши специалисты в кратчайшее время помогут... замки и при необходимости их поменять или отремонтировать.

(11) Из-за резкого повышения температуры на неделю раньше средних многолетних норм... в этом году реки в этом районе.

(12) Прокуроры... в стране повсеместные нарушения при расчёте тарифов ЖКХ (жилищно-коммунального хозяйства).

XII. Переведите предложения на русский язык.

(1) 联合国支持这一倡议并宣布保护儿童的权利、生命、健康为其优先职能之一。

(2) 1959年11月20日通过的这个宣言宣布所有的孩子在受教育、社会保障、身心发育方面具有平等的权利。

(3) 该宣言呼吁家长、社会组织、政府承认儿童的权利并促进其得到实施。

(4) 对于被遗弃的儿童来说，家庭是他们融入社会、接受教育、自我实现以及以后建立完整家庭的唯一机会。

(5) 对于领养孩子的家庭来说，他们都要度过一个复杂的相互适应期。

(6) 当出现一些心理、教育方面的问题时，监护机构、孤儿院是不会就此提供帮助的。

(7) 旅客们早已习惯了这种强制性的检查，很有耐心地由着警犬闻自己的东西。

(8) 离飞机起飞还有两个多小时，于是一些旅客在机场免税店里购物、消遣。

(9) 这件事说来话长，三言两语说不完，不但会使你，而且也会使许多人感到吃惊。

(10) 孩子们慢慢地走着，与此同时密切关注着潜在的对手，他们想给我们留下好的印象。

XIII. Напишите сочинение на тему: Дети — надежда не только семьи, но и страны.

Дополнительный текст
Обучение и воспитание в Древнем Китае

Согласно традициям, воспитание детей начиналось с рождения. Однако раннее воспитание было ненавязчивым.

В условиях большой китайской семьи жили люди нескольких поколений, поэтому ребёнок любого члена семьи считался драгоценностью всего клана. В такой семье принято было, чтобы старшие дети заботились о младших братьях и сёстрах. Они все вместе играли во дворе или на улице. Обычно это были простые игры, в которых могли участвовать несколько детей: мяч с перьями, «камушки», «волки и овцы». Однако когда детям исполнялось семь лет, все игры сразу заканчивались. С этого возраста в Древнем Китае начиналось систематическое воспитание и обучение в школах.

В культуре Древнего Китая семейное воспитание дополнялось образованием. При обучении первоочередное значение исходно придавалось изучению истории, так как именно на материале конкретных исторических прецедентов и их последствий легче всего научить человека распознавать добро и зло, привить ему стремление к добродетелям и внушить страх перед пороками. Кроме истории в школах Древнего Китая детей обучали основным понятиям и представлениям о мироздании. Изучали три начала: небо, землю, человека; четыре времени года и четыре части света. Давалось представление о теории пяти элементов и пяти добродетелях. Изучали основы музыки и ритуалов, норм социального поведения.

Воспитание мальчиков традиционно было более сложным и важным по сравнению с воспитанием девочек. Мужскую половину учили вежливости и знакомили с календарём, учили песням нравственного содержания. Девочкам в Древнем Китае было достаточно научиться быть скромными, послушными и получить навыки ведения домашнего хозяйства.

Наибольшее влияние на развитие воспитания и педагогики оказали идеи Конфуция и его последователей. Конфуций отмечал, что возможности человека от природы неодинаковы. Идеально воспитанный человек должен обладать высокими качествами: благородством, стремлением к истине, почтительностью, правдивостью, богатой духовной культурой. По сути, философу принадлежит едва ли не первая мысль о всестороннем развитии личности, где приоритет отдаётся нравственному началу. В конфуцианстве всегда исключительное значение отдавалось семье и нормам семейного общежития.

Чжугэ Лян, известный политик и стратег Древнего Китая (181 — 234 г. н. э.), написал популярную книгу под названием «Рекомендации для моих детей». В этой книге он подытожил свой жизненный опыт, а также описал ответственность, возложенную на детей. В этой книге он просит своих детей быть миролюбивыми, постоянно совершенствовать себя и смотреть внутрь себя. Чтобы стать благородным и достичь нравственного благочестия, человек, по мнению Чжугэ Ляна, должен вести скромный образ жизни. Чтобы достичь истинной мудрости,

УРОК 6

человеку необходимо быть спокойным и усердным. Чтобы достичь успеха в самосовершенствовании, человек должен быть непреклонным.

Таким образом, особенностью воспитания детей в Древнем Китае являлась многосторонность образования с упором на развитие и совершенствование нравственных качеств. Большое значение уделялось способности заглянуть внутрь себя и установить гармонию в своей душе. В основе отношений лежало, прежде всего, уважение к старшим. Благодаря этому в древние времена достигалось приобретение большого терпения, сдержанности, самообладания, которое было свойственно всему китайскому народу.

ЗАДАНИЯ К ТЕКСТУ

I. Составьте выступление на радио по теме «Обучение и воспитание в Древнем Китае».

Примерный план выступления:

(1) Обращение.

Уважаемые радиослушатели...

(2) Сообщение целей выступления.

В своём выступлении я остановлюсь на проблеме (проблемах)...

(3) Вводная часть.

Проблемы воспитания и образования всегда были актуальными.

(4) Основная часть.

В культуре Древнего Китая обучение и воспитание...

(5) Заключительная часть.

Итак, исключительно важным является...

УРОК 7

Дотекстовый диалог

— Вы когда-нибудь задумывались, какое место в жизни ребёнка занимает игра?

— Мне кажется, на этот вопрос любой ответит так: игра учит, знакомит ребёнка с миром, развивает логику и воображение, а также учит подчиняться определённым правилам, законам и контролировать эмоции. Кроме того, детские психологи с помощью игр лечат детей — снимают у малыша стрессы и убирают страхи. Одним словом, чем больше ребёнок играет, тем быстрее он развивается.

— Всё это хорошо, но, к сожалению, современные дети стали меньше играть. Они, конечно, любят конструкторы, играют в компьютерные игры. Это хорошо, потому что современная школа, и в общем современный ритм и стиль жизни, требуют хорошо развитого интеллекта и высокого уровня подготовки, иначе ребёнок не имеет шансов попасть в престижное учебное заведение, а в дальнейшем получить приличную работу.

А вот спортивные, сюжетные и ролевые игры, такие как «догонялки», «дочки-матери», «больница», «магазин», «школа» и другие детьми стали забываться.

— Почему же эти игры не считаются в наше время значимыми?

— Возможно потому, что родители и педагоги просто не умеют играть и получать от этого удовольствие. Ведь на время игры мамы и папы сами должны стать детьми и с радостью играть со своим ребенком. Конечно, собрать из конструктора замок или машину намного проще, чем целый час изображать весёлую лошадку или самолет. Без положительных эмоций хорошего результата не получить: дети очень хорошо чувствуют фальшь.

— Как же играть с ребёнком?

— Научить вас играть никто не сможет. Если нет желания и вы не склонны дурачиться — никакие советы не помогут вам. Но если вы чувствуете, что необходимо такое общение, что без него контакт с ребёнком неполный, то играйте только в хорошем настроении. Не забывайте, что для игры у вас должно быть достаточно времени. Нельзя поглядывать на часы в ожидании конца игры.

— А какие игрушки лучше покупать ребёнку?

— Должен быть достаточный набор игрушек. Набор машин, кукольная мебель, набор инструментов, материал для творчества, посуда и многое другое. Эти вещи должны помочь вам вжиться в нужный образ. Начинайте с тех игр, которые вы сами любили в детстве. Не беда, если мальчик будет играть в куклы, а девочка — в

УРОК 7

машинки. Иногда это даже полезно — побывать в чужой «шкуре». В игре с родителями ребёнок почувствует вашу любовь и потом сможет сказать, что у него было счастливое детство.

КОММЕНТАРИИ

догонялки (от глагола догонять) — детская игра-забава «догонялки-убегалки». Правила игры очень просты: необходимо догнать убегающего...

СЛОВАРЬ

логика: ход рассуждений, умозаключений 推理, 论理
  формальная логика; нарушить логику объяснения; поражаться безупречной логике; логика мышления; железная логика; женская логика

эмоция: душевное переживание, чувство 〈书〉情绪, 情感, 激情
  положительные эмоции; сила эмоций; эмоция страха
  Слишком много эмоций!

стресс: вызванное каким-нибудь сильным воздействием состояние повышенного нервного напряжения, перенапряжения (精神)过度紧张

интеллект: мыслительная способность, умственное начало у человека 智力, 才智; 理智
  быть равным кому-то по интеллекту

престижный: имеющий высокий социальный престиж, влияние, уважение 〈书〉威信, 威望
  престижное звание; престижная профессия

фальшь: отсутствие естественности, неестественность 做作, 矫揉造作
  почувствовать фальшь в повествовании; фальшь в игре ученика; фальшь в поведении

дурачиться [未]: *разг.* развлекаться, забавляться шутками, вести себя несерьёзно, озорно 〈口〉寻开心, 开玩笑; 胡闹, 干蠢事
  Тебе бы только дурачиться!

вжиться [完]; вживаться [未]: вникнув, сделать близким себе, хорошо освоиться с чем-нибудь 深入, 进入; 习惯, 体验
  вжиться в роль; вжиться в образ

побывать в чужой шкуре: быть в чьём-н. положении, обычно плохом, незавидном 〈转, 口〉处在……的地位(通常指不好的)

97

ВОПРОСЫ К ДИАЛОГУ

Прочитайте диалог. О чём он?
Как вы думаете, между кем состоялся этот диалог? Своё мнение обоснуйте.
Как вы можете ответить на вопрос «Какое место в жизни ребёнка занимает игра?»
На основе диалога подготовьте короткое сообщение на тему «Место игры в жизни ребёнка».

Текст   Спутники детства

Воспитание детей у древних римлян не отличалось особой нежностью. Заботливые родители старались порадовать малышей хорошей игрушкой. Обычно их дарят за хорошее поведение, но в Риме существовали праздничные дни, когда игрушки преподносились детям и за плохое поведение — как прощение их шалостей. Много шалостей — много игрушек. А выбор игрушек к тому времени был уже большим.

Какая игра на Земле возникла самой первой? Не пытайтесь найти ответ на этот вопрос. Его, наверное, нет. Ведь человек начал играть с давних-предавних времён. С тех пор известны игрушки, копирующие предметы взрослых: лук, стрелы, нарты, лодочки. У маленьких жителей Древнего Египта уже были самые настоящие куклы из дерева и ткани, фигурки животных, мячи из кожи. Делали игрушки и из слоновой кости, янтаря, серебра, мрамора. У детей победнее игрушки были попроще: из дерева, глины, зато они ярко раскрашивались. А вот игрушка для самых маленьких, найденная при раскопках, практически не изменилась. Без неё не обошлись ни вы, ни ваши родители, ни родители ваших родителей. Это погремушка.

Самые затейливые, самые сложные игрушки делали в XVII — XIX веках. Сохранились настоящие механические чудеса. Вот шустрый заяц грызёт морковку и поводит ушками. Красавица держит в руках пудреницу и, глядя в зеркальце, прихорашивается. Механический майский жук, равный по размеру живому, ползает, шевелит усиками, поднимает крылышки. А вот целый полк солдат под бой крохотного барабана марширует по крохотной улице...

Игрушки того времени часто служили для украшения комнат и хранились как фамильные драгоценности, их передавали по наследству. Делали тогда кукольные дома с полной обстановкой, редкую мебель, совсем как настоящую, посуду из серебра, слоновой кости, фарфора. Причём всё копировалось с настоящего так тщательно, что сегодня историки, художники, искусствоведы пользуются своеобразными игрушечными «справочниками». По нарядам кукол мы можем судить о мастерстве ткачей, швей, кружевниц, о моделях прошлых столетий.

Часто игрушки делались, чтобы поразить не ребёнка, а взрослых, подчеркнув

УРОК 7

богатство и изысканный вкус хозяина.

В начале прошлого века в русском обществе господствовали сентиментализм и романтизм. Появились игрушки — птички, нежно и грустно пищавшие при нажатии на подставку, игрушки-птицы, кормившие птенцов. Из-под рук Троицких кустарей вышли франт и барышня. Он в клетчатых брюках, чёрном фраке, с начёсами на висках и шикарным коком на лбу. Она в кринолине и розовом платье, с диковинной причёской и огромным цветком в руке. Поворачивая рукоятку в подставке, можно было заставить щёголя и барышню двигаться: они церемонно раскланивались согласно этикету, царившему во времена наших прабабушек.

Другой любимой игрушкой того же времени было голубое озеро, на берегах которого стоял один или несколько домиков. По озеру под музыку арфы плавали белоснежные лебеди. Эта игрушка копировала быт помещиков. В то время модно было в усадьбе иметь небольшое озеро с искусственными островами и птичьим домиком на берегу. По озеру плавали лебеди — настоящие или искусственные.

После Отечественной войны 1812 года появилась новая игрушка — деревянный солдатик. Они были самых разных размеров — очень маленькие, величиной с кедровый орешек, и побольше, от 9 до 15 сантиметров. Очень много было механических солдатиков...

Как ни странно может показаться, но есть русская игрушка по имени **Гаргантюа.** Это герой романа «Гаргантюа и Пантагрюэль», написанного французским писателем **Рабле.** Игрушка представляла собой небольшого толстого человечка с огромной головой, выпученными глазами и широко открытым ртом. В руках он держал тарелку с жареными уткой, поросенком и другой едой. Эта игрушка тоже была механической: вся еда, лежащая на тарелке, залетала в рот Гаргантюа.

Делали игрушки и сами дети. В русских деревнях самой распространенной игрушкой была самодельная кукла. Даже в самом бедном крестьянском доме было несколько таких кукол.

Как правило, куклы делались из ткани, их еще называли тряпичными. Косу делали из ниток. А вот как куклу нарядить — тут требовалась фантазия мастерицы. Для одежды использовали любую ткань, украшали платье куклы вышивкой, тесьмой. Делая куклу, девочки учились кроить, шить, вышивать, учились одевать и одеваться.

Наступил XX век. Бурно развивалась техника. Изменилось время — изменились и игрушки. В это время появился первый конструктор — замечательная игра, развивающая воображение. Это были маленькие палочки с дырочками, миниатюрные гайки и болтики. Соединяя эти палочки, ребенок сам мог собрать себе игрушку: мост, машинку, домик и т. д. Удивительно, но эту игру придумал не инженер или ученый... Ее придумал простой приказчик из мясной лавки в городе Ливерпуле **Ф. Хориби**.

Впоследствии изобретатель нашёл для своей игры и удачное название — механо. С каждым годом новая игра усложнялась, становилась интереснее и

разнообразнее. За механической тележкой последовали паровозы, потом самолёты.

Сейчас в мире насчитываются сотни различных видов конструкторов. Одна итальянская фирма выпустила даже набор, из деталей которого можно сделать машины, изобретённые Леонардо да Винчи, — краны, камнедробилку и другие. «Каждый день у вашего ребёнка будет новая игрушка. Он сделает её сам!» — таков принцип изготовителей конструкторов.

Есть наборы, из которых можно собрать что только пожелаешь: от обыкновенного домика до космического корабля. В их основе разноцветные пластиковые «кирпичики», где крепятся различные строительные, отлично пригнанные друг к другу элементы. Это тоже не новая игрушка. Её изобрёл ещё в прошлом веке немец Либих, не игрушечных дел мастер, а основоположник целой науки — агрохимии.

Какие игры наиболее популярны сегодня? С помощью электроники создано много увлекательных видеоигр, быстро развивающих практические навыки работы с современной техникой. Раннее знакомство с ней позволяет ребёнку ещё до окончания школы стать квалифицированным программистом. Например, на занятиях ребята в разных странах самостоятельно моделируют живое сердце, ядерный реактор, систему управления предприятием. И дети часто превосходят своих учителей по способности программировать и понимать программы.

Во многих странах выпускают специальные игры, которые тренируют скорость реакции. В одной из них львы, изображённые на дисплее, стремятся вылезти из клетки через боковые ворота. Задача играющего — не допустить этого, управляя с помощью кнопок двумя сторожами. Противник игрока — по сути микросхема, направляющая львов. Если вы успешно справляетесь с задачей, микросхема сама ускоряет движение львов, заставляет их совершать ложные ходы. Это состязание человека с «хитростью» и быстродействием микроэлектронной схемы. Надо сказать, что стиль, варианты, техника игровых ЭВМ практически не ограничены. Их цель — развивать быстроту реакции, сообразительность, умение оценивать ситуацию и принимать верное решение.

Какая игра признана «игрой столетия»? Кубик Рубика. Он создан в 1974 году венгерским архитектором Эрнё Рубиком. 27 миниатюрных кубиков, составляющих большой, заключают три миллиарда цветовых комбинаций. Задача играющего — добиться, чтобы каждая сторона большого кубика стала одноцветной. Случайный поиск мало что даёт для решения задачи. Если осуществлять наугад в секунду по 10 различных комбинаций, то для решения задачи понадобятся миллионы лет. Поэтому надо действовать разумно. Тренировка сообразительности и увлекательность поиска решения сделали эту игру популярной во всем мире.

УРОК 7

КОММЕНТАРИИ

Из-под рук Троицких кустарей вышли франт и барышня. — Народный промысел — деревянная игрушка, получившая название «Троицкой». По преданию, первую «Троицкую» игрушку вырезал настоятель Троице-Сергиева монастыря Сергий Радонежский. С конца 18 — начала 19 века дошли до нас деревянные игрушки, изображающие крестьянскую девушку, пляшущего мужика, нарядных барынь и гусар.

Гаргантюа — герой романа Ф. Рабле «Гаргантюа и Пантагрюэль». Образ Гаргантюа — символ Ренессанса, символ отказа от традиционных жизненных установок Средневековья и возрождающегося интереса к светскому искусству и познанию мира, свободному от догм и ограничений.

Рабле Франсуа (1494 — 1553) — французский писатель, один из величайших европейских сатириков-гуманистов эпохи Ренессанса, автор романа «Гаргантюа и Пантагрюэль».

Ф. Хориби — приказчик из мясной лавки в городе Ливерпуле. Изобрёл детскую игру — конструктор.

Либих Юстус (1803 — 1873) — выдающийся немецкий химик. Способствовал научному развитию агрохимии.

ЭВМ (э-вэ-эм) — электронная вычислительная машина 电子计算机

Эрнё Рубик — венгерский изобретатель, скульптор и профессор архитектуры. Всемирно известен благодаря своим объёмным головоломкам и игрушкам, к числу которых принадлежит Кубик Рубика.

СЛОВАРЬ

шалость: шутливая проделка, проказа 淘气，顽皮，闹着玩(的事)
дернуть за косу из шалости

скопировать [完]; копировать [未]: снимать копию с чего-нибудь 复写；复制；制拷贝
скопировать служебные бумаги; скопировать картину

янтарь: окаменевшая живица хвойных деревьев, обрабатываемая для украшений 琥珀
бусы из янтаря

мрамор: твёрдый и блестящий, обычно с красивым узором камень известковой породы, употребляемый преимущественно для скульптурных и архитектурных работ 大理石

глина: осадочная горная порода, в измельченном виде в соединении с водой образует тестообразную массу, употребляемую для гончарных изделий, кирпича, строительных и скульптурных работ 粘土

лепить из глины; скользить по глине

погремушка: детская игрушка, побрякивающая при встряхивании 发响的玩具；拨浪鼓

затейливый: причудливый, замысловатый 别致的，奇特的；独出心裁的，新颖的
затейливый морозный узор; затейливый рассказ

прихорашиваться: *разг.* стараться придать нарядный вид〈口〉打扮，收拾，使美观些

наследство: 1) имущество, переходящее после смерти его владельца к новому лицу; 遗产
получить что-л. по наследству
Наследство ему досталось огромное.
2) то же, что наследие〈书〉(思想、文化等的)遗产
Тысячи страниц, написанных рукой Чернышевского, остались нам в наследство.

редкостный: редко встречающийся, исключительный 不常见的，罕见的；特别好的，出色的
редкостные способности; редкостный день

искусствовед: специалист по искусствоведению, то есть теории искусств 艺术学家，艺术理论家

кружевница: мастерица, плетущая кружева 织花边的女工
искусная кружевница

изысканный: утончённый, изящный〈书〉非常讲究的，极精致的，极文雅的
изысканный вкус; изысканные манеры

сентиментализм: художественное направление, характеризующееся вниманием к душевной жизни человека, чувствительностью и идеализированным изображением людей, жизненных ситуаций, природы 感伤主义(十八世纪末至十九世纪初俄国的一个文学流派)

кустарь: ремесленник, занимающийся кустарным трудом(家庭)手工业者

фрак: род парадного сюртука с вырезанными спереди полами и с длинными узкими фалдами сзади 燕尾服
концертный фрак

кок (от франц. coq — петух): взбитая или завитая торчащая прядь надо лбом 额头竖立的一绺蓬松或烫卷头发(一种旧式男子发型)

рукоятка: часть механизма, прибора, за которую берутся рукой для управления, поворота(机器的)摇杆，把手
потянуть рукоятку на себя

этикет: установленный, принятый порядок поведения, форма обхождения 礼节
дипломатический этикет; телефонный этикет; правила этикета

арфа: щипковый музыкальный инструмент в виде большой треугольной рамы с натянутыми внутри неё струнами竖琴
играть на арфе

выпученный: о глазах: чрезмерно выступающий из глазниц 凸出的(眼睛)

тесьма: узкая тканая или плетеная полоска, употребляемая для обшивки, украшения, скрепления чего-нибудь(装饰、捆扎用的)绦，带子，布条，花边
тесьма для обивки мебели; обшить ворот платья тесьмой

УРОК 7

болтик: крепёжная деталь — металлический стержень с резьбой для навинчивания гайки 螺栓

приказчик: наёмный служащий в торговом заведении, продавец 店员, 伙计

конструктор: 1) специалист, который создаёт конструкцию какого-то сооружения, механизма 设计师, 构造师

талантливый конструктор

2) детская игра — набор деталей для конструирования 构造模型 (由各种零件组成, 用以构成各种模型的一种儿童玩具)

металлический конструктор

квалифицированный: имеющий высокую квалификацию, опытный 技能熟练的, 有经验的

квалифицированный работник; квалифицированный труд

программист: специалист по программированию 程序设计员, 程序编制员

системный программист

моделировать [完, 未]: изготовить (изготовлять) модель 设计式样, 设计模型

ядерный: относящийся к процессам, происходящим в атомном ядре, к их изучению, использованию 核反应的, 核能利用的; 核研究的

ядерная энергия; ядерное топливо; ядерная держава

реактор: аппарат или установка, в которой протекает физическая или химическая реакция ⟨电⟩电抗器; ⟨化⟩反应器; ⟨原子⟩反应堆

ядерный реактор; топливный реактор

сообразительный: хорошо соображающий, понятливый 机智的, 聪明伶俐的

сообразительный ребёнок; сообразительное личико ребёнка

архитектор: специалист по архитектуре, зодчий 建筑师, 建筑学家

талантливый архитектор; молодой архитектор

комбинация: сочетание, взаимное расположение чего-нибудь 配合; 组合, 联合, 结合

комбинация звуков; комбинация цифр

ВОПРОСЫ К ТЕКСТУ

(1) Какими были первые игрушки человека?
(2) Без какой игрушки не может обойтись ни один человек?
(3) В чём особенность игрушек 17—19 веков?
(4) Какие игрушки господствовали в 19 веке в русском обществе? Почему?
(5) С чем связано появление игрушечных солдатиков?
(6) Расскажите, как сделать русскую тряпичную куклу?
(7) Как изменились игрушки в 20 веке?
(8) В чём достоинства конструкторов?
(9) Какие игры наиболее популярны сейчас?
(10) Какая игра признана «игрой столетия»?
(11) Что такое компьютерная игра? Каково её назначение?

(12) Как вы понимаете смысл названия текста?

ЗАДАНИЯ

I. Выпишите из текста прилагательные, характеризующие существительное *игра*.

II. Составьте план текста. Перескажите текст по составленному плану.

III. О ком говорится в тексте? Начните свой ответ так:
В тексте говорится о том, кем является Ф. Хориби (Либих; Рубик). Мы узнали, что ...

IV. Выполните следующие задания.

(1) **Скажите по–другому!**

Из чего?		Какая?
из кожи	ИГРУШКА	кожаная
дерева		
янтаря		
серебра		
кости		
глины		
мрамора		

(2) **Продолжите предложение.**

Папа подарил мне игрушку,
- которая ...
- чтобы ...
- потому что ...
- несмотря на то что ...
- когда ...

V. Закончите предложения. Выберите правильный вариант из предложенных.

(1) В начале прошлого века в русском обществе господствовали сентиментализм и романтизм, поэтому появились _____.

　А. игрушки — птички, нежно и грустно пищавшие при нажатии на подставку

　Б. сотни различных видов конструкторов

　В. самодельные куклы

(2) Во многих странах выпускают специальные игры, которые _____.

　А. мало что дают

　Б. тренируют скорость реакции

УРОК 7

   В. хранятся как фамильные драгоценности, передаются по наследству

(3) Компьютерные игры хороши тем, что _____.

   А. позволяют ребёнку ещё до окончания школы стать квалифицированным программистом

   Б. подчёркивают богатство и изысканный вкус хозяина

   В. без них нельзя обойтись

(4) Чтобы собрать кубик Рубика, _____.

   А. надо пользоваться своеобразными игрушечными «справочниками»

   Б. надо стать квалифицированным программистом

   В. надо действовать разумно.

(5) Можно сказать, что компьютерные игры — это _____.

   А. механический конструктор

   Б. состязание человека с «хитростью» и быстродействием микроэлектронной схемы

   В. украшение комнаты и фамильные драгоценности

VI. Переведите следующие словосочетания на китайский язык и запомните их.

играть в компьютерные игры, современный ритм и стиль жизни, попасть в престижное учебное заведение, получить приличную работу, вжиться в нужный образ, давние–предавние времена, Древний Египет, игрушки из слоновой кости, передавать драгоценности по наследству, Отечественная война, стать квалифицированным программистом, ядерный реактор

VII. Объясните лексическое значение следующих слов. Вставьте в текст недостающие слова, используя слова для справок.

атрибут —

раритет —

кинематограф —

изобилие —

   Спутники детства игрушки — это несомненные _____ детства. Современные игрушки позволяют полноценно _____ и расти нашим детям, а мы со своей стороны делаем всё возможное, чтобы не отказать ребёнку ни в чём. Сегодняшний ассортимент игрушек просто поражает. Давно позади то время _____ мячей и соломенных кукол, деревянных чурочек и лошадок. Сейчас это раритет, к которому модно возвращаться, ища традиционность и экологичность. Но основная масса родителей всё–таки предпочитает Барби, технологические машинки на управлении и современные _____.

   Игрушечное _____ — иначе и не назовёшь современный мир, в котором растут наши дети. Всё это яркое, поющее, почти живое. Производители игрушек постоянно следят за _____ кинематографа и мультипликации, и почти все герои и персонажи, которыми увлекаются современные дети, находят своё воплощение в образе игрушек.

105

Слова для справок: тряпичный, развиваться, конструктор, изобилие, новинки, атрибут

VIII. Озаглавьте текст из упражнения VII. Как вы думаете, где мог появиться данный текст. Обоснуйте своё мнение. Задайте не менее трёх вопросов по данному тексту.

IX. Прочитайте высказывания известных людей об игре. Выразите своё отношение к данным высказываниям: согласие, возражение, сомнение. Выберите наиболее понравившееся вам и объясните свой выбор.

Игра в значительной степени основа всей человеческой культуры.

А. Луначарский

Многие детские игры — подражание серьёзной деятельности взрослых.

Я. Корчак

В игре детей есть часто смысл глубокий.

И. Шиллер

X. Определите и сопоставьте значения глагола пустить с разными приставками.
впускать — впустить, выпускать — выпустить,
запускать — запустить, пропускать — пропустить,
допускать — допустить, испускать — испустить,
распускать — распустить, подпускать — подпустить

XI. Прочитайте предложения и переведите их на китайский язык.
(1) Этот диск лёгок и компактен — уместится в ладони. Его *выпускают* в двух вариантах.
(2) Всех *впускать*, никого не *выпускать*!
(3) Учёные установили, что тайфуны могут *запускать* так называемые медленные землетрясения.
(4) Когда светильник гаснет в полумраке и небо обливается закатом, не отпускай меня, не *отпускай*!
(5) *Отпусти, отпусти* далеко свои беды, *отпусти* далеко — и смотри! Жизнь заменит все беды победой — только душу свою полюби!
(6) Перезвон, завидя его одетым, начал было усиленно стучать хвостом по полу, нервно подергиваясь всем телом, и даже *испустил* было жалобный вой...
(7) Исполняющий обязанности президента заявил, что не будет *распускать* парламент.
(8) Путин во время общения с россиянами в прямом эфире телевизионного канала «Россия» сказал: «Мы не будем *допускать* и не *допустим* резких скачков в экономике и курсе рубля».
(9) Сид говорил: «Да, я сломал ноги, но не могу *пропустить* концерт, и вот я здесь, в этом кресле».

(10) Огонь не **подпустили** к жилым домам.

XII. Вместо пропусков вставьте подходящий по смыслу глагол из задания X.
(1) В феврале 2010 года Банк России ... в обращение памятные монеты из драгоценных металлов.
(2) Кого ... однажды в душу, того просто так уже не прогонишь.
(3) Лазерные принтеры ... опасные для лёгких частицы.
(4) Люди ... слухи тогда, когда не знают, как по-другому объяснить, почему у кого-то всё получается, а у них — нет.
(5) Я думаю, что в работе ... ошибку.
(6) В решающем матче он ... два мяча.
(7) Такова уж я по натуре — никому не верю, никому не доверяю, никого не ... близко. Хотя со стороны произвожу впечатление открытого и очень контактного человека.
(8) Кругом народ стал ... в воздух воздушные шары, красота неописуемая, всё небо в фонариках, которые улетают выше сопок.
(9) Я хотел уйти, однако меня не ... и даже напоили чаем.
(10) Судьба даёт много возможностей, а человек должен выбирать из них благоприятные и не ... из вида.
(11) Он... пронзительный крик.

XIII. Переведите предложения на русский язык.
(1) 游戏可以教孩子们认识世界，开发逻辑思维和想象力，还可以教他们遵守一定的规则和法律以及控制情绪。
(2) 心理学家认为，借助于游戏可以减轻、消除孩子的紧张情绪。他们游戏玩得越多，智力发展得越快。
(3) 家长应该有足够的时间和孩子玩游戏，不要时不时地看看手表盼着游戏结束。
(4) 曾几何时，这些玩具常常是用来装饰房间，并作为传家之宝收藏的。
(5) 上个世纪初，在俄罗斯出现了玩具小鸟，按底座可发出温柔而忧伤的叫声。
(6) 1812年卫国战争后，出现了很多这种木制玩具——小兵，其尺寸大小不一：小的像松子，大的有9到15公分。
(7) 孩子们也亲手制做玩具。在俄罗斯乡村，曾经最流行的玩具是自制的玩偶。
(8) 玩具在孩子们的生活中占有重要的地位。目前，很多国家在生产能专门锻炼反应速度的玩具。
(9) 显示器上的狮子想方设法从笼子的侧门钻出去——这种训练反应能力的游戏得到了孩子们的青睐。
(10) 魔方被公认为"百年游戏"，玩家的任务是要让大方块的每一面都是单一的颜色。

XIV. Расскажите или напишите о своей любимой игре (не обязательно компьютерной).

Дополнительный текст
Китайская притча о хрупких игрушках

Как-то в одно селение пришёл и остался жить старый мудрый человек. Он очень любил детей и проводил с ними много времени. Ещё он любил делать им подарки, но дарил хрупкие вещи. Как ни старались дети быть аккуратными, но их новые игрушки часто ломались. Дети расстраивались и горько плакали. Проходило какое-то время, и мудрец снова дарил им игрушки, но ещё более хрупкие. И всё повторялось снова. Наконец, родители детей не выдержали и пришли к мудрецу:

— Ты мудр и желаешь нашим детям только добра. Но зачем ты делаешь им такие подарки? Они стараются, как могут, но игрушки всё равно ломаются, и дети плачут. А ведь игрушки так прекрасны, что не играть с ними невозможно.

— Пройдёт совсем немного лет, — улыбнулся старец, — и кто-то подарит им своё сердце. Может быть, это научит их обращаться с этим бесценным даром хоть немного аккуратней?

ЗАДАНИЯ К ТЕКСТУ

I. **Ответьте на вопросы.**
(1) В чём смысл этой притчи?
(2) Попробуйте придумать свою притчу для детей.

II. **Возьмите на заметку.**
притча — краткий иносказательный поучительный рассказ

Притча должна содержать в себе премудрость, поучение. Но в притче нет морали, прямого наставления. Мораль каждый извлекает (или не извлекает) из притчи сам, следует (или не следует) наставлениям. Не случайно словарь В. Даля толкует притчу как «поучение в примере». Притча учит нравственности.

УРОК 8

Дотекстовый диалог

— В последнее время много говорят о наших проблемах, делают из них трагедию. Только и слышишь: молодые люди все наркоманы, мораль отсутствует, нет уважения к старшим. У старшего поколения тоже немало проблем, но о них никто не кричит. Почему так происходит?

— Это только кажется, что о молодёжных проблемах стали много говорить в последнее время, поскольку поток информации увеличился. Но ведь названные факты достаточно серьёзны, поэтому их нужно серьёзно обсуждать и искать выходы из создавшегося положения.

— Я не понимаю, почему сегодняшнее положение какое-то особенное? Может быть, из-за того, что молодые люди употребляют наркотики или хотят свободной любви? Но и раньше это было, и ничего страшного не случилось.

— Да, было. Но неужели вы не замечаете, что изменилась духовная основа этих явлений. Призыв к свободной любви появился постольку, поскольку появилась необходимость сделать эту любовь смыслом жизни. Это была любовь не только между мужчиной и женщиной, но и друг к другу вообще, к детям, к животным, к природе. Насилие, нанесение другому человеку морального или физического ущерба считалось недопустимым. А сейчас? Подумайте об этом сами.

— А наркотики? Вы оправдываете наркотики?

— Наркотики нельзя оправдать потому, что они ведут к разрушению личности, к рабской зависимости и в конце концов к смерти. Конечно, вы можете попробовать, но кто даст вам гарантию, что вы не станете их рабом? Вы ведь не хотите стать рабом, поскольку рабская зависимость отбирает у человека очень важную вещь — выбор. А без свободы выбора не может быть и свободы вообще. Согласны?

СЛОВАРЬ

трагедия: потрясающее событие, тяжкое переживание, несчастье 悲剧, 不幸事件
семейная трагедия; пережить трагедию
Лесной пожар — трагедия для обитателей леса.

мораль: нравственные нормы поведения, отношений с людьми, а также сама нравственность 道德, 德性
мораль басни; читать мораль (разг.)

наркотик: сильнодействующие вещества, преимущественно растительного происхождения, вызывающие возбужденное состояние и парализующие нервную систему 麻醉剂, 麻醉药

После операции больной успокоился. Врач дал ему наркотик.

насилие: применение физической силы к кому-либо, принудительное воздействие на кого-либо 动武, 暴力

применить насилие при задержании преступника

Дорого обойдётся человеку его насилие над природой.

моральный: высоконравственный, соответствующий правилам морали 道德的, 有道德的, 合乎道德的

моральные принципы; моральный поступок; моральная деградация

ущерб: потеря, убыток, урон 损失

нанести ущерб самолюбию; нанести колоссальный ущерб

раб: зависимый, угнетенный в условиях эксплуататорского общества человек 奴隶

превратиться в раба; раб денег (страстей, предрассудков)

зависимость: подчинённость другим при отсутствии свободы, самостоятельности 受人支配的地位; 从属性, 依存性

прямо пропорциональная зависимость

ВОПРОСЫ К ДИАЛОГУ

Прочитайте диалог. Какие проблемы подняты в нём?
Как вы думаете, между кем состоялся этот диалог? Обоснуйте своё мнение.
Чья позиция вам ближе? Обоснуйте своё мнение.
Какие ещё проблемы, связанные с молодым поколением, вы можете назвать?

Текст   Открытое письмо молодому человеку о науке жить

Здравствуйте, дорогие друзья.

Ничто не ново под луной. Эти слова в полной мере можно отнести к понятию «конфликт поколений», который в обществе существовал всегда на протяжении всей истории человечества. Постоянное повторение этого конфликта совершенно неизбежно, потому что он естественен. Противоречие между поколениями возникает не только потому, что молодёжь создаёт новые традиции, вступающие в конфликт с традициями отцов. Но и оттого, что в своём желании утвердить свои традиции молодёжь часто ведёт себя деструктивно, отрицая весь накопленный опыт. На мой взгляд, проблему противостояния поколений не стоит **драматизировать** и не стоит относиться к ней безразлично или слишком легко. Старшее поколение должно проявить мудрость и терпение и помочь молодым

УРОК 8

людям найти ответы на главные жизненные вопросы.

Сегодня мы поговорим о том, как строить свою жизнь, попытаемся вместе разобраться, что представляет собой окружающий нас мир.

Я прошу вас раз и навсегда выбросить из головы надуманный пессимизм. Вам внушили, что мир абсурден. Мир таков, каков он есть. Он не подчиняется ни доводам рассудка, ни здравому смыслу. Трудно предположить, что мир был создан единственно для удовлетворения наших потребностей. Это было бы чудом из чудес. Мир нейтрален. Он не дружествен и не враждебен человеку.

Вам внушают, что мы живём на краю пропасти. Но люди всегда жили на краю пропасти, и это не мешало им трудиться, любить и созидать. Почему бы не последовать их примеру? Вы можете возразить: «Всё изменилось. Людей прошлого поддерживала вера. К тому же им в отличие от нас не грозила опасность погибнуть вместе с планетой, на которой они живут». А кто мешает верить вам? Боги умерли? Думаю, они просто стали иными. Не забывайте, что в вас есть нечто более великое, чем вы сами; не забывайте, что это величие заложено в каждом человеке; не забывайте, что общими усилиями можно предотвратить катастрофу и не дать земному шару погибнуть от рук его обитателей; не забывайте о том, что даже если мы на краю пропасти, ничто не толкает нас вниз.

Вам внушили, что старые моральные ценности канули в прошлое. Это ложь. Если вы присмотритесь к современному человеку, то под словесной шелухой обнаружите человека, который был во все времена. Нас убеждают, что мы стоим на пороге новой эры ... Она не имеет ни малейшего сходства с прошлой. Новая душа должна оживить новое тело. Новая душа в новом теле? Ничего подобного. Я не верю ни в какое новое тело. Разве у нас не такие же сердце, печень, нервы, как у кроманьонцев? А что касается души, то моральные ценности—не бессмысленное изобретение дряхлых моралистов. Они потому и называются ценностями, что без них невозможны ни дальнейшее развитие общества, ни счастливая жизнь.

Давайте вспомним несколько древних как мир истин, отменить которые не может ни технический прогресс, ни человек.

Во-первых, нельзя жить для себя. Думая только о себе, человек всегда найдёт тысячу причин чувствовать себя несчастным. Никогда он не делал всего того, что хотел и должен был делать, никогда не получал всего того, чего, по его мнению, заслуживал, редко был любим так, как мечтал быть любимым. Без конца переживая своё прошлое, он будет испытывать одни сожаления и угрызения совести. Но надо сказать, что и то и другое бессмысленно. Зачеркнуть прошлое всё равно невозможно, постарайтесь лучше создать настоящее, которым вы впоследствии сможете гордиться. Разлад с самим собой — худшее из зол. Всякий, кто живёт ради других — ради своей страны, ради женщины, ради творчества — словно по волшебству забывает свою тоску и мелкие житейские неурядицы.

Второе правило — надо действовать. Вместо того, чтобы жаловаться на абсурдность мира, постараемся преобразовать тот уголок, куда забросила нас судьба. Мы не в силах изменить вселенную, да и не стремимся к этому. Наши цели ближе и проще: заниматься своим делом — правильно выбрать его, глубоко

изучить и достичь в нём мастерства. Если человек в совершенстве овладел каким-либо ремеслом, работа приносит ему счастье. Даже в свободное время люди не сидят сложа руки — они занимаются такой, казалось бы, бесполезной деятельностью, как игры и спорт. Регбист счастлив, даже когда противник валит его в грязь. Что же касается полезных дел, то мы радуемся их результатам: деятельный мэр следит за порядком в городе, деятельный инженер делает расчёты — и оба получают удовольствие от своего труда.

Третье правило — надо верить в силу воли. Неверно, что будущее целиком и полностью предопределено. Великий человек может изменить ход истории. Тот, у кого достанет смелости захотеть, может изменить своё будущее. Безусловно, никто из нас не всемогущ; человеческая свобода имеет свои пределы. Она живёт на границе возможностей и желаний. Не в моей власти помешать войне, но мои устные и письменные призывы, помноженные на призывы миллионов других людей, ослабят угрозу войны. Я не в силах выиграть битву, но я в силах стать храбрым солдатом и исполнить свой долг. Давая себе поблажки, человек ленится и трусит; усилием воли он заставляет себя трудиться на совесть и совершать героические поступки. Быть может, воля и есть царица добродетелей.

Не менее важно и четвёртое правило — надо хранить верность. Верность слову, обстоятельствам, другим, самому себе. Надо быть из тех людей, которые никогда не подводят. Верность — добродетель не из лёгких. Человека ждёт тысяча искушений. Вы скажете: «Если я избрал профессию, а потом разочаровался в ней, я не могу её сменить? Если я вступил в организацию и вижу, что она состоит из ничтожных и алчных людей, я не могу перейти в другую, удостоверившись, что она состоит из достойных людей?» Нет. Верность не должна быть слепой. Не забывайте, что часто в основе неверности лежит не столько неудачный выбор, сколько обыкновенная привередливость. Всякий выбор будет плох, если человек сидит сложа руки, но всякий выбор может стать удачным, стоит только захотеть. Профессию всегда выбирают вслепую — ведь изучить её можно лишь после того, как выбор сделан. Тем не менее всегда можно плодотворно работать в избранной профессии и изменить дух организации. Верность сама создаёт для себя почву.

Наверное, эти жизненные правила покажутся вам и слишком строгими, и слишком общими. Это понятно, но других предложить я вам не могу. **Я не хочу, чтобы вы прожили жизнь суровым стоиком**. Развивайте в себе чувство юмора. Будьте способны улыбнуться своим словам и поступкам. Если вы не можете побороть свои слабости, смиритесь с ними, но не забывайте, в чём ваша сила. Всякое общество, где граждане думают только о почестях и удовольствиях, всякое общество, которое допускает насилие и несправедливость, всякое общество, где люди не испытывают ни малейшего доверия друг к другу, всякое общество, члены которого ни к чему не стремятся, — обречено. Пока Рим был Римом героев, он процветал. Стоило ему перестать чтить ценности, которые его породили, и он погиб.

Живите подлинной жизнью. Подлинная жизнь рядом с вами. Она в цветах на лужайке; в детях, которые с нежностью смотрят на мать; в целующихся влюблённых; во всех этих домишках, где люди пытаются работать, любить, веселиться. Нет ничего важнее этих скромных судеб. Их сумма и составляет человечество. Употребите всю власть, которой вы достигнете, на то, чтобы сохранить эту подлинную жизнь с её немудреными радостями и привязанностями.

Да и сами живите подлинной жизнью, а не играйте трагикомическую роль, в которую не очень верите. Жизнь слишком коротка, чтобы позволить себе прожить её ничтожно.

Технический прогресс изменяет виды деятельности, но значимость деяния и потребность в нём остаются неизменными. Так было прежде и так будет всегда.

КОММЕНТАРИИ

Ничто не ново под луной — цитата из стихотворения Н. М. Карамзина «Опытная Соломонова мудрость ...» (1797):

Ничто не ново под луною:
Что есть, то было, будет ввек.
И прежде кровь лилась рекою,
И прежде плакал человек ...

Я не хочу, чтобы вы прожили жизнь суровым стоиком. — Стоик — представитель философского учения, возникшего в конце 4 века до н. э. Суть учения: жить надо сообразно природе. Таков идеал истинного мудреца. Счастье — в свободе от страстей, в равнодушии. В жизни всё предопределяется судьбой. Того, кто этого хочет, судьба ведёт за собой; сопротивляющегося — влечёт насильственно.

СЛОВАРЬ

драматизировать [完, 未]: сделать драматичным, наполнить драматизмом 改编成戏剧
Не стоит драматизировать произошедшее!

пессимизм: мрачное мироощущение, при котором человек не верит в будущее, во всём склонен видеть унылое, плохое 悲观主义
впасть в тоскливый пессимизм

абсурд: нелепость, бессмыслица 谬论, 奇谈怪论
доводить (довести) до абсурда

нейтральный: не примыкающий ни к одной из борющихся сторон, стоящий в стороне 中立的; 守中立的
нейтральная страна; нейтральная политика; нейтральный наблюдатель; нейтральные воспоминания

катастрофа: событие с трагическими последствиями 意外的灾难, 惨剧, 惨祸
автомобильная катастрофа; социальная катастрофа

обитатель: тот, кто живёт, обитает где-нибудь〈书〉居民,居住者
лесные обитатели

ценность: важность, значение 价值,意义,重要性
ценность рубля по отношению к доллару; создавать материальные ценности; исторические ценности; ценность дружбы

шелуха: перен. нечто внешнее, ненужное〈转〉表面,无用,非本来的东西;糟粕
картофельная шелуха; шелуха дорожных впечатлений; словесная шелуха

кроманьонец: ископаемый человек эпохи позднего палеолита 克鲁马农人（旧石器时代后期的人）

преобразовать [完]; преобразовывать [未]: совершенно переделать, изменить к лучшему 改革,改造,革新
преобразовать систему управления

ремесло: вообще профессия, занятие 手艺,职业
знать несколько ремёсел; знаток военного ремесла (разг.)

регбист: спортсмен, занимающийся регби 橄榄球运动员

мэр: глава муниципалитета（美、英、法等国的）市长
Мэр города Новосибирска

искушение: соблазн, желание чего-нибудь запретного 引诱,诱惑
Искушение слишком велико.

алчный: жадный, корыстолюбивый 贪婪的,贪得无厌的
алчный на деньги (устар.); алчный ум (высок.)

привередливость: разборчивость с прихотями, капризами 吹毛求疵,好挑剔,任性
привередливость в одежде, в еде

вслепую: не видя, наугад 不用眼看,不看着
двигаться в темноте вслепую; печатать вслепую

плодотворно: благоприятно, полезно для развития чего-нибудь, дающее хорошие результаты 宜于生长、发展地;有成效地
Обсуждение прошло плодотворно.

стоик: представитель философского учения, возникшего в конце 4 века до н. э. 斯多噶派哲学家

почесть [完]: официальное выражение признания чьих-либо больших заслуг〈书,旧〉认为,视为,看作
принять консула со всеми почестями
За что ему такие почести?!

чтить [未]: относиться к кому-то с глубоким почтением и любовью〈书〉尊敬,尊重;敬爱
чтить своих предков
Спасённую из огня икону берегут и чтят.

породить [完]; порождать [未]: стать источником чего-либо, вызвать появление кого/чего-либо〈转〉引起,产生
Известие породило много разговоров.

скромный: сдержанный в обнаружении своих достоинств, заслуг, не хвастливый 谦虚的,谦逊的,虚心的

УРОК 8

скромный в своих требованиях; скромная девушка; скромное поведение; скромная улыбка

немудреный: *устар.* простой, незатейливый 〈口〉不难的, 简单的
немудреный ужин
Она могла сшить немудреное платье.

подлинный: настоящий, оригинальный, истинный 真正的
подлинное имя сочинителя; подлинное письмо Ивана Грозного; подлинный героизм

прогресс: поступательное движение, улучшение в процессе развития 进步
технический прогресс; идти по пути прогресса; наблюдать прогресс в экономике

значимость: важность, значительность, роль 重要性, 意义
общественная значимость события

деяние: *высок. и спец.* действие, поступок, свершение 〈雅, 专〉行为, 所做的事, 事业
героические деяния; противоправное деяние

ВОПРОСЫ К ТЕКСТУ

(1) Почему постоянное повторение конфликта поколений неизбежно?
(2) Каковы причины его возникновения?
(3) Какую позицию в этом конфликте должно занимать старшее поколение? Почему?
(4) О каких вечных истинах нельзя забывать?
(5) Что, по мнению автора, является худшим из зол? Согласны ли вы с автором? Обоснуйте свою позицию.
(6) В чём заключается величие человека? Какова его цель?
(7) Почему верность — добродетель не из лёгких?
(8) При каком условии государство процветает?

ЗАДАНИЯ

I. Как вы понимаете сочетание «подлинная жизнь с её немудреными радостями и привязанностями». А каково мнение автора текста?

II. Продолжите предложения.
   (1) Нельзя жить для себя,
   (2) Надо действовать,
   (3) Надо верить в силу воли,
   (4) Надо хранить верность,
   } потому что ...

III. Передайте содержание текста в виде интервью журналиста и философа.
   интервью — предназначенная для печати (или передачи по радио или телевидению) беседа с кем-либо.

философ — специалист по философии, а также вообще мыслитель, занятый разработкой вопросов мировоззрения.

Интервью состоит из трёх частей:
1. Представление (или знакомство)
   Сегодня гость нашей программы ...
   Сегодня у нас в гостях ...
   Позвольте представить Вам нашего гостя ...
   Мы беседуем ... (с кем?)
2. Беседа
   Нашим зрителям (читателям, слушателям) было бы интересно узнать...
   А что вы думаете по этому поводу (вопросу) ...
   Зрители хотели бы узнать ...
   Следующий вопрос ...
   И, наконец, последний вопрос ...
3. Прощание, благодарность
   Благодарим Вас за участие в нашей передаче.
   Большое спасибо за интересный разговор.

IV. Узнайте слово по лексическому значению.
   (1) человек оптимистического склада —
   (2) глава муниципалитета —
   (3) нелепость, бессмыслица —
   (4) важность, значение —
   (5) поступательное движение, улучшение в процессе развития —
   (6) высоконравственный, соответствующий правилам морали —
   (7) сделать драматичным, наполнить драматизмом —
   (8) соблазн, желание чего–нибудь запретного —
   (9) событие с трагическими последствиями —
   (10) не примыкающий ни к одной из борющихся сторон, стоящий в стороне —

V. Попробуйте заполнить анкету «Внуки–внукам». Как вы думаете, почему анкета получила такое название?

1. Я.
   (А). Что я сделал или могу сделать для своей Родины, чтобы в будущем люди вспомнили меня добрым словом?
   (Б). Какой я есть и каким я хотел бы стать?
   (В). Что из моего «я» годится для будущего, а что лучше оставить прошлому?
2. Люди и время.
   (А). Составь список людей, по твоему усмотрению, в делах которых наиболее полно отражено наше время.
   (Б). Назови современника — друга, коллегу, просто хорошо знакомого тебе

УРОК 8

человека, — который, по-твоему, мог бы представить твоё поколение через 40 лет. Объясни свой выбор.

3. Память.

Что из биографии страны, героических дел твоего народа стало твоей памятью через память отца, деда? Какие события своего времени ты передашь в память внукам?

4. Мечты.

(А). Есть ли у тебя жизненная цель? На какой срок? Какая она? Решишься ли ты обнародовать её перед лицом потомков?

(Б). Что помогает и что мешает исполнению твоей заветной мечты?

5. Свободный вопрос.

Этого вопроса ещё нет. Ваше право — предложить его.

VI. Прокомментируйте данное высказывание. Согласны ли вы с ним? Обоснуйте свою точку зрения.

Советы стариков, как зимнее солнце, — они светят, но не греют.

VII. Закончите предложения. Сравните ваши варианты с тем, что было сказано великими людьми (см. ключи). Согласны ли вы с их мнением? Обоснуйте свою позицию.

1. Наихудшее, чему может научиться молодёжь, — легкомыслие, ибо оно... (Демокрит)
2. Следует постоянно освежать в памяти молодых людей золотое правило: ничего лишнего! Дабы... (Я. Коменский)
3. Что самое общее для всех? — Надежда; ибо... (Фалес)
4. Учитесь и читайте серьёзные книги, для того чтобы... (Ф. Достоевский)

VIII. Прокомментируйте, с какими проблемами сталкивается российская молодёжь. Начните свой ответ так:

Признанно (общепризнанно), что...

Все знают, что...

Очевидно, что...

Ни для кого не секрет, что...

Считается, что...

Известно, что...

Проблемы молодёжи: неравенство в возможности получения образования; страх смерти и насилия над личностью; безразличие общества к проблемам молодежи; страх потерять и не найти работу; наркомания и пьянство; вовлечение в криминальную среду; отсутствие нравственных устоев и ориентиров в обществе; проституция; рост числа самоубийств.

Сталкивается ли молодёжь вашей страны с такими проблемами? В своём ответе для передачи сравнения вы можете использовать следующие конструкции:

- У российской молодёжи и молодёжи нашей страны (не) одни и те же /(не) одинаковые проблемы. Такие, например, как...
- Проблема... не актуальна для российской молодёжи, в то время как молодёжь нашей страны с ней постоянно сталкивается.
- У молодёжи нашей страны есть и иные/ другие проблемы, например, ...
- Проблемы российской молодёжи и молодёжи нашей страны (не) одинаковы/ (не) совпадают/ отличны/ (не) похожи.
- У молодёжи нашей страны те же (самые)/ такие же проблемы, что и у российской.

IX. Напишите ответное письмо. Можете начать так:

Ваши советы разумны, но я сильно сомневаюсь, что кто-нибудь им последует. Они подходят вашему возрасту, но не молодёжи. ...

Прочитал ваши советы, как нам строить жизнь. Всё это верно, но главное — в ином. ...

Как могут истины не быть преходящими, когда всё на свете так быстро меняется? Мы живём в эпоху, когда лейтенант образованнее генерала, потому что за время, отделяющее годы его учения от того времени, когда получал образование генерал, в науке произошёл переворот. Чего стоит ваша традиционная мораль, когда технический прогресс изменяет нравы. ...

X. Определите и сопоставьте значения следующих глаголов.

заявлять — заявить (заявление), объявлять — объявить (объявление), проявлять — проявить, предъявлять — предъявить (предъявление), выявлять — выявить, появляться — появиться, проявляться — проявиться

XI. Прочитайте предложения и составьте свои предложения с выделенными глаголами.

(1) «Уверен, что если мы будем действовать солидарно, мы этой цели добьёмся», — *заявил* премьер.
(2) Каждая команда вправе *заявлять* новых игроков в течение всего матча.
(3) В нашем магазине *объявляется* большая распродажа товаров! Теперь вы можете приобрести все товары с 30%-ой скидкой!
(4) Компания *объявила* об итогах совместной работы.
(5) В решении конфликта *проявляйте* сдержанность и старайтесь мирным путём решить проблему.
(6) Возле Мехико *проявляет* активность вулкан.
(7) Если к вам в двери постучали неизвестные и представились сотрудниками милиции, требуйте *предъявить* служебное удостоверение.
(8) Учёные *выявили* взаимосвязь между характером человека и его гастрономическими пристрастиями.

УРОК 8

(9) **Выявляйте** привычки и отказывайтесь от них.

(10) В уме **появляются** различные мысли, идеи.

(11) После чемпионата мира по футболу записи матчей **появятся** в продаже на дисках.

(12) Одарённость детей Индиго подразумевает наличие большого количества феноменов и даров, заложенных в них свыше, которые начинают **проявляться** у них ещё в раннем детстве.

XII. Вместо пропусков вставьте подходящий по смыслу глагол из задания X.

(1) «80% туристов из дальнего зарубежья, собиравшихся посетить нашу страну, отказались от поездки», — ... на пресс-конференции руководитель одного из ведущих туроператоров страны.

(2) Киношкола ... набор учащихся на новый учебный год.

(3) В этом году вам следует как можно больше быть на виду, поэтому не избегайте собраний, выступайте — стремитесь ... себя.

(4) Всё больше россиян ... интерес к космическому туризму.

(5) Исследования, которые мы проводим, помогут ... причины ряда социальных проблем современной молодёжи.

(6) Тёплый воздух, и звёзды только начинают ... на ночном небе.

(7) Новая транспортная развязка ... в городе в следующем году.

(8) Заболевание может ... как в острой, так и вялотекущей (хронической) форме.

(9) При получении денег в банке нужно ... паспорт или удостоверение личности.

(10) Научись ... черты характера, которые мешают твоему продвижению по жизненному пути.

(11) В нашем магазине представлены различные модели сотовых телефонов. Каждый месяц ... новые модели.

XIII. Переведите предложения на русский язык.

(1) 这些现象在精神层面的本质上已发生了很大的变化，你们难道没有发现吗？

(2) 毒品是不能脱罪的，因为它摧毁人格，使人产生奴性依赖并最终走向死亡。

(3) 不要只为自己活着。一个只想着自己的人，总能找出一千个认为自己不幸的理由。

(4) 老一辈积累了丰富的经验，应该以智慧和耐性来帮助年轻人解决生活中的重要问题。

(5) 一个人如果无所事事，任何选择都是徒劳的。相反，只要他愿意，任何选择都能获得成功。

(6) 世界就是这样，它不会因为严厉的指责或是为了某种神圣的意义而有所改变。

(7) 一个为了国家、为了创造而活的人，可以像被施展魔法似地忘掉自己的痛苦和生活中琐碎的不愉快。

(8) 我们无力改变宇宙，也不准备这样做。我们的目标较为接近而简单：做自己喜欢的事。

(9) 我们大家应该通过共同的努力避免灾难，不能让地球在我们的手中毁灭。

(10) 生命如此短暂,不允许我们毫无意义地虚度每一天。我们应该惜日如金。

XIV. На основе диалога и текста составьте небольшую статью на тему «Проблемы молодёжи».

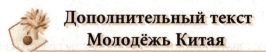

Дополнительный текст
Молодёжь Китая

С 5-го по 10 июля редакция газеты «Чжунго циннянь» в парке ЭКСПО проводила исследовательский опрос

Исследователь Китайской академии социальных наук Шэн Цзе считает, что у китайской молодёжи глубоко укоренилось понимание тесной связи личной жизни с судьбой всей нации.

Сами же китайские студенты считают, что у них развито чувство конкуренции. Такого мнения придерживаются 51,7% опрошенных, на втором месте фигурирует «индивидуальность», а 43,1% участников опроса считают, что молодые люди Китая «сильные».

По словам Шэн Цзе, причиной самооценки китайской молодёжи с той позиции, что у них развито чувство конкуренции послужило то, в какой среде они живут, а также связано с доступными ресурсами. Они испытывают страх и неуверенность в вопросах своего развития и собственного существования. В ходе исследования стало известно, что «степень открытости» китайской молодёжи невысокая. Лишь 27% опрошенных придерживаются противоположной точки зрения.

«Китайская молодёжь очень хочет познакомиться с внешним миром, однако молодые люди Китая не могут при помощи лёгкого способа осуществить своё желание», — отметил Шэн Цзе. Под лёгким способом исследователь подразумевает преодоление личных предрассудков, а также необходимость общаться со своим собеседником проще, на равных позициях и без предосторожностей. Шэн Цзе напомнил, что сейчас мы все настаиваем на модернизации общества, системы, однако не обращаем внимания на модернизацию психологического образования. В нас чётко прослеживается сдержанность и оборонительность. Социальное развитие включает в себя и воспитание психологического характера.

«Благополучная семья» (34,5%) и «свободная жизнь» (31,1%) стали главными критериями счастливой жизни у китайской молодёжи.

Что считается самым великим счастьем в жизни? По мнению Шэн Цзе, считать вклад в развитие государства и нации (16%) говорит о том, что это стало одной из ценностей китайской молодёжи.

67,5% китайских студентов с оптимизмом смотрят на будущее страны, 52,4% — оптимистично относятся к будущему развитию городской жизни, и лишь 58,7% китайских учащихся уверенны в своём счастливом будущем.

УРОК 8

У китайской молодёжи очень низкая степень уверенности в личном благополучном будущем. По этому поводу заместитель директора Исследовательского центра китайской молодёжи Лю Цзюньянь отметил, что китайский народ завершил дело, которое другие нации выполняли столетиями, соответственно из этого исходит неприспособленность к системе. Этот факт отчётливо прослеживается среди молодёжи. «Молодое поколение — это барометр эпохи, если не понять молодёжь, то невозможно разобраться и в эпохе. Молодые люди являются лучшим отражением нашего будущего»,—отметил Лю Цзюньянь.

В отличии от западной молодёжи, которая основное время и средства тратит на развлечения, представители молодого поколения Китая более рациональны. Эта рациональность определила их стремление к различному обогащению. Китайская молодёжь стремится к более обогащённой и совершенной жизни. Современная поднимающаяся нация нуждается в такой психологической поддержке. Исследователь Шэн Цзе описал психологическое состояние — стремление к совершенной жизни. Совершенная жизнь — это когда люди, с одной стороны, могут внести вклад в общество, с другой стороны, тратить время и деньги на развлечения; быть успешными в карьере, вместе с тем поддерживать относительно свободный образ жизни; жить в конкурирующем и глобализированном обществе.

Самой любимой передачей у китайской молодёжи стала «Внутренние и международные новости» (50%), на втором месте — «Интервью с известными личностями» (42,9%), на третьем —спортивные состязания (39,6%). Развлекательные программы составили лишь 21,2%.

По материалам газеты «Чжунго циннянь»

ЗАДАНИЯ К ТЕКСТУ

I. Сформулируйте вопросы, которые задавались журналистами молодым людям.

II. Проведите опрос по этим вопросам среди ваших сокурсников.

III По результатам вашего опроса напишите аналитический отчёт.

Ключи:

1. Наихудшее, чему может научиться молодёжь, — легкомыслие, ибо оно рождает удовольствия, из которых развивается порок. (Демокрит)
2. Следует постоянно освежать в памяти молодых людей золотое правило: ничего лишнего! Дабы везде можно было охранять себя от пресыщения. (Я. Коменский)
3. Что самое общее для всех? — Надежда; ибо если у кого и нет ничего, то она есть. (Фалес)
4. Учитесь и читайте серьёзные книги, для того чтобы быть умным. (Ф. Достоевский)

УРОК 9

Дотекстовый диалог
Прогулка по Санкт-Петербургу

Маша. — Знакомство с Санкт-Петербургом лучше всего начать с этого места. Посмотрите, Майкл, какой чудесный вид: слева — Петропавловская крепость, впереди — Нева. Строительство Петропавловской крепости началось в 1703 году по приказу Петра I. Этот год считается годом основания Петербурга.

Блейк. — Я читал, что крепость до революции была государственной тюрьмой.

Маша. — Да, лучшие люди России прошли через неё: Радищев, декабристы, Чернышевский (в крепости он написал свой роман «Что делать?»), Максим Горький ...

Блейк. — Хорошо бы осмотреть крепость.

Маша. — Обязательно пойдём туда. Теперь там музей. А ещё на территории Петропавловской крепости находится Монетный двор, где делают ордена и медали России, выпускают монеты. Между прочим, ровно в полдень у стен крепости раздаётся орудийный выстрел, можно проверять часы.

Блейк. — А где же Медный всадник?

Маша. — На другом берегу Невы. Сейчас мы туда пойдём. Давайте спустимся к пристани. Я вам покажу что-то удивительное.

Блейк. — Что это, египетские сфинксы? Как они сюда попали?

Маша. — Эти два сфинкса были найдены при раскопках столицы Египта — Фив. Их купило русское правительство. В 1832 году сфинксов привезли в Петербург и установили у спуска к Неве.

Блек. — Трудно поверить, но ведь сфинксам почти 3500 лет.

Маша. — Сейчас мы на площади Декабристов. Вот и Медный всадник.

Блейк. — Чудесная работа! Какое мужественное лицо, сколько экспрессии! Так и кажется, что Пётр на минуту приостановил коня и сейчас помчится дальше.

Маша — Обратите внимание, как мастерски передано ощущение стремительного движения вперёд: и в жесте Петра I («Здесь будет город заложен назло надменному соседу!»), и в поднявшемся на дыбы коне и даже в бронзовой змее, которая вползла на скалу и копытом задней ноги придавлена у головы.

Блейк. — Змея — это, наверное, символ врагов Петра I.

Маша. — Совершенно верно. Но у змеи есть ещё одна, так сказать, техническая функция. Хвост коня упирается в змею. Иначе было бы невозможно огромную пятиметровую статую весом в 20 тонн удержать только на задних ногах коня.

Блейк. — А кто автор этой работы.

Маша. — Французский скульптор Фальконе. Он 12 лет трудился над

созданием памятника. Торжественное открытие памятника состоялось в 1782 году. Видите надпись на постаменте: «Петру Первому Екатерина Вторая лета 1782 года». Текст надписи был предложен Сумароковым, писателем и баснописцем того времени. А теперь идём к Исаакиевскому собору. Он совсем рядом.

Блейк. — Как блестит купол! Как давно был построен этот собор?

Маша. — В середине XIX века и строился почти 40 лет. Он должен был свидетельствовать о силе и богатстве церкви. Высота собора 101,5 метра. Сейчас вы увидите, как он красив внутри. Чего тут только нет: живопись, мозаика, бронза. Около 13 000 человек вмещал собор во время праздничной службы. Он ошеломлял, ослеплял своим великолепием. А теперь — на Дворцовую площадь. Главную площадь города.

Блейк. — Наверное, на этой исторической площади петербуржцы отмечают каждый большой праздник? Какой великолепный вид! Неужели все эти здания построены в одно время?

Маша. — Это только кажется, настолько совершенен архитектурный ансамбль площади. А ведь строились здания в разные эпохи, отражают различные архитектурные стили и вкусы. Зимний дворец строил архитектор Растрелли в 1754 — 1762 годах. Более чем через полвека другой гениальный архитектор — Росси — построил на противоположной стороне площади два огромных, образующих полукруг здания и соединил их триумфальной аркой. Вы устали, Блейк? Идёмте в гостиницу, а завтра продолжим нашу прогулку...

СЛОВАРЬ

египтяне: население Египта 埃及人 ‖ 〈形〉египетский

сфинкс: в Древнем Египте: каменное изваяние лежащего льва с человеческой головой(古埃及的)狮身人面像
Дворец со сфинксами у входа.

экспрессия: выразительность, сила, яркость выражения, проявления каких-либо чувств, переживаний и т. п. 表达力, 表现力
экспрессия цвета

помчаться [完]: начать мчаться 疾驰起来, 飞奔起来
Тучи помчались на север. Время помчалось стремительно.

надменный: высокомерный, кичливый, пренебрежительно, свысока относящийся к людям 傲慢的, 目空一切的
надменный человек; надменный тон; надменная улыбка

на дыбы: на задние ноги (о лошадях) (马)举起前蹄, 用后腿站起来

бронза: сплав меди с оловом, а также с некоторыми другими металлами 青铜 ‖ 〈形〉бронзовый
отлить бюст в бронзе

вползти[完]; вползать [未]: пойти, забраться куда-н. ползком 爬进, 爬入, 爬上

вползти под кровать

В душу вползла тревога.

копыто: роговое образование в конце ноги у некоторых млекопитающих 蹄

придавить[完]; придавливать [未]:（кого-что）надавив, прижать 压住, 挤住

придавить край палатки камнем

мозаика: рисунок или узор из скреплённых между собой разноцветных камешков, кусочков стекла, эмали и др. 马赛克，镶嵌艺术（品）；镶嵌图案

отделывать стены мозаикой; мастера мозаики

триумфальная арка: декоративное сооружение в виде больших ворот со сводом, построенное в ознаменование победы 凯旋门

Текст Письма из Русского музея

Владимир Солоухин

... Ну вот, сажусь за свой ежедневный урок. О, гравюрная красота Ленинграда! Было сказано русским поэтом про столицу Франции: «В дождь Париж расцветает, как серая роза». Ленинград невозможно было бы сравнить ни с каким, даже самым суровым цветком, если только бывают суровые, сумрачные цветы. В Париже больше естественности и стихийности, свойственной природе. В Ленинграде больше от соразмерного человеческого творчества. Он весь, как продуманное стройное произведение искусства. В него вживаешься, как в хороший роман, который хочется перечитывать снова и снова, хотя точно знаешь, что делают герои и даже на которой странице происходит то или иное событие. «Люблю тебя, Петра творенье...» Не бойтесь, я не буду повторять всех известных каждому школьнику слов о творении Петра. Но вы, зная мой характер и мои, ну, что ли, архитектурные привязанности, удивитесь, если я тотчас и безоговорочно отдам Ленинграду предпочтение перед Москвой.

Казалось бы (благодаря архитектурным привязанностям), я должен любить Москву несравненно больше. Казалось бы, она должна быть ближе сердцу каждого русского вообще. Да и неудобно, казалось бы, давнишнему москвичу не иметь хоть самого простенького патриотизма. И тем не менее. Постараюсь в нескольких словах оправдать своё удивляющее вас заявление.

Дело в том, что у Ленинграда есть, сохранилось до сих пор своё лицо, своя ярко выраженная индивидуальность. Есть смысл ехать из других городов: из Будапешта, Парижа, Кельна, Тбилиси, Самарканда, Венеции или Рима, есть смысл ехать из этих городов на берега Невы, в Ленинград. И есть награда: увидишь город, не похожий ни на один из городов, построенных на Земле.

Вот так раз! А Москва? Слышу я ваши нетерпеливые возражения. Неужели Москва не своеобразна? Откуда же знаменитые слова Пушкина: «Москва, как много в этом звуке для сердца русского слилось, как много в нём отозвалось!» Откуда же не менее знаменитые слова Лермонтова: «Москва, Москва! ... люблю тебя, как сын, как русский — сильно, пламенно и нежно!»

УРОК 9

Почему же именно при виде Москвы с Воробьёвых гор просветлели в юношеском восторге два замечательных русских человека, **Герцен** и **Огарев**, и дали клятву посвятить свои жизни служению Родине? И все это перед раскинувшейся панорамой Москвы. Можно представить себе ту герценовских времён панораму. Сохранились и гравюры, дающие хоть некоторое представление о тогдашней Москве. Гравюры — не живой, не всамделишный город, но всё-таки ...

Вам, наверно, не раз приходилось видеть иллюстрации разных художников к сказке о царе Салтане. Именно ту картинку, где изображается город, чудесным образом возникший за одну ночь на пустынном и каменистом острове. Говорят, Москва, если смотреть издали на утренней морозной заре или в золотистых летних сумерках, вся была как этот сказочный златоглавый и островерхий град.

Вы, конечно, любовались Московским Кремлём из-за Москвы-реки. Говорят, вся Москва была по главному, архитектурному звучанию как этот уцелевший пока, хотя и не в полной мере, Московский Кремль.

Напрягите воображение, представьте себе ту самую герценовскую панораму с Воробьёвых гор. Сотни островерхих шатров, розовеющих на заре, сотни золотых куполов, отражающих в себе тихое сияние неба. Нет, Москва имела своё, ещё более ярко выраженное, чем Ленинград, лицо. Более того, Москва была самым оригинальным, уникальным городом на Земле.

Может нравиться или не нравиться купольная златоверхая архитектура, как может нравиться или не нравиться, допустим, архитектура древнего Самарканда. Но второго Самарканда больше нет нигде на земле. Он уникален. Не было и второй Москвы.

Можно упрекнуть меня в излишнем пристрастии — **всякий кулик своё болото хвалит.** Что ж, хорошо. Зову постороннего беспристрастного свидетеля.

Кнут Гамсун совершил в своё время путешествие по России и написал путевые очерки. Называется его книга «В сказочной стране». Итак, зову в свидетели прославленного норвежца. «Я побывал в четырёх из пяти частей света. Конечно, я путешествовал по ним немного, а в Австралии я и совсем не бывал, но можно всё-таки сказать, что мне приходилось ступать на почву всевозможных стран света и что я повидал кое-что; но чего-либо подобного Московскому Кремлю я никогда не видел. Москва — это нечто сказочное.

В Москве около четырёхсот пятидесяти церквей и часовен, и когда начинают звонить все колокола, то воздух дрожит от множества звуков в этом городе с миллионным населением. С Кремля открывается вид на целое море красоты. Я никогда не представлял себе, что на земле может существовать подобный город: всё кругом пестреет красными и золочеными куполами и шпицами. Перед этой массой золота, в соединении с ярким голубым цветом, бледнеет всё, о чём я когда-либо мечтал.

Более спокойно, но не менее твёрдо говорит о Москве, о её особом значении А.Н. Островский: «В Москве всё русское становится понятнее и дороже. Через Москву волнами вливается в Россию великорусская народная сила».

Но сегодня много памятников Москвы бесследно исчезло... Вместо архаичного, пусть глубоко русского, но тем-то и уникального города Москвы, построен город среднеевропейского типа, не выделяющийся ничем особенным. Город как город. Даже хороший город. Но не больше того.

В самом деле, давайте проведём нового человека, ну хоть парижанина или будапештца, по улице Горького, по главной улице Москвы. Чем поразим его воображение, какой такой жемчужиной зодчества? Каким таким свидетелем старины? Вот телеграф. Вот гостиница «Минск». Вот дом на углу Тверского бульвара, где кондитерский магазин ... Видели парижанин и будапештец подобные дома. Ещё и получше. Ничего не говорю. Хорошие, добротные дома, но все же интересны не они, а именно памятники: Кремль, **Коломенское, Андронников монастырь ...**

А Ленинград стоит таким, каким сложился постепенно, исторически. И Невский проспект, и **Фонтанка**, и **Мойка**, и Летний сад, и мосты, и набережные Невы, и **Стрелка Адмиралтейства**, и Дворцовая площадь, и **Спас на Крови**, и многое-многое другое.

Вот почему я Ленинград люблю теперь гораздо больше Москвы. Да полно, один ли я? Спросите любого человека, впервые увидевшего эти два города. Я спрашивал многих. Все отдают предпочтение Ленинграду. Они отдают легко и беззаботно (что ему, парижанину или будапештцу), я — с болью в сердце. С кровавой болью. Но вынужден. Плачу, а отдаю.

Рано или поздно у каждого человека, приехавшего в Ленинград, наступает минута, когда он с Невского проспекта сворачивает на перпендикулярную к проспекту улицу в сторону Русского музея.

Я волнуюсь. Я ведь представляю, что Русский музей это как бы ещё и географическое понятие. Это целая страна, в которую можно совершить путешествие, так же как в любую другую страну. И увидишь много удивительного, прекрасного и будешь потом часами рассказывать друзьям и близким.

Кроме того, это путешествие во времени. Побываешь и на берегах Иртыша вместе с казаками, покорителями Сибири, и в Заволжском скиту во время торжественного и печального обряда, и в XVIII веке, и даже ещё в более ранних, ещё более ярких веках.

С музеем связано много замечательных и великих имён. Растрелли, Левицкий, Венецианов, Федотов, Васильев, Левитан, Врубель, Антокольский, Нестеров, Репин, Верещагин, Серов, Рерих, Васнецов, Куинджи, Кустодиев, да мало ли ...

По улице Бродского мы идём к **Михайловскому дворцу**, в котором располагается знаменитый Русский музей.

Первое слово, которое приходит на ум, когда вы ступаете в вестибюль дворца, чертоги. Какой высоты, какого простора, какой величественности можно достичь при двухэтажной конструкции здания! В главном вестибюле нет перекрытий между этажами, и вы оказываетесь сразу под куполом дворца, а во второй этаж ведёт широкая торжественная лестница.

Ну что, нужно ли вам говорить, что в музее сорок тысяч квадратных метров выставочной площади и только стеклянных потолков более пятнадцати тысяч

УРОК 9

метров. Более трёхсот тысяч произведений искусства разных видов и жанров собрано в этом уникальном хранилище.

К сожалению, дела зовут меня в Москву, хотя своё путешествие по Ленинграду и Русскому музею я считаю незаконченным. Можно было бы ограничиться одним днём (и одним письмом к вам, дорогие друзья), но можно ведь ходить и целый год.

КОММЕНТАРИИ

Всякий кулик своё болото хвалит. (пословица) — Для каждого нет ничего краше родной стороны.

Герцен Александр Иванович (1812—1870) — русский писатель, публицист, философ, революционер.

Огарев Николай Платонович (1813—1877) — известный русский поэт, публицист, революционный деятель.

Кнут Гамсун — норвежский писатель, лауреат Нобелевской премии по литературе за 1920 год.

Коломенское — бывшая царская вотчина, ныне — государственный художественный историко-архитектурный и природно-ландшафтный музей-заповедник, расположен к югу от центра Москвы, занимает территорию 390 га.

Андронников монастырь — Спасо-Андронников монастырь — один из самых древних памятников каменного зодчества Москвы. Был основан в XIV веке. В создании собора принял участие великий русский иконописец — Андрей Рублёв. Он украсил его своими фресками, но от них уцелели только крохотные фрагменты. С 1960 года в монастыре находится Музей древнерусского искусства имени Андрея Рублёва.

Фонтанка — река в Санкт-Петербурге. Топоним часто используется в качестве обиходного обозначения набережной реки Фонтанки.

Мойка — река в Санкт-Петербурге. Топоним часто используется в качестве обиходного обозначения набережной реки Мойки.

Стрелка Адмиралтейства — На 2-ом Адмиралтейском острове в Санкт-Петербурге расположено здание Главного Адмиралтейства, которое считается одним из шедевров архитектуры, памятником русского классицизма. Кораблик на шпиле здания рассматривается как один из символов города.

Спас на Крови — православный мемориальный однопрестольный храм во имя Воскресения Христова, сооружён в память того, что на этом месте 1 марта 1881 года в результате покушения был смертельно ранен император Александр II (выражение *на крови* указывает на кровь царя).

улица Бродского — историческое название — Михайловская улица. Это название известно с 1844 года. В 1940 году была переименована в улицу Бродского. 4 октября 1991 года Михайловской улице вернули историческое название.

Михайловский дворец — бывший великокняжеский дворец в центре Санкт-Петербурга; памятник архитектуры высокого классицизма. В здании находится Государственный Русский музей.

СЛОВАРЬ

соразмерный: соответствующий какой-н. мере, соответственный чему-н. 与……相适应,与……相称的;适合于……
соразмерное сложение
Усилия соразмерны с трудностями.

патриотизм: преданность и любовь к своему отечеству, к своему народу 爱国主义, 爱国心
воспитывать в духе патриотизма; местный патриотизм

слиться [完]; **сливаться** [未]: объединиться, растворившись одно в другом, составить одно целое 〈转〉融成一片;合并,联合起来;连起来
Ручей слился с рекой.
Наши усилия слились воедино.
Поэзия и проза слились в его творчестве.

пламенный: очень пылкий, страстный, сильный 〈转,雅〉热烈的,热情洋溢的;激昂的
пламенная речь; пламенный приверженец чего-то; пламенный взгляд

панорама: вид местности, открывающийся с высоты 全景
С холма открывается панорама города.

гравюра: вид графики, в котором изображение получают, оттискивая его на бумаге с печатной формы с награвированным рисунком 〈艺〉版画
купить старинную гравюру

тогдашний: *разг.* существующий тогда, в то время, бывший тогда 〈口〉那时候的,当时的
тогдашний журнал; тогдашние цены; тогдашние порядки

всамделишный: *разг.* настоящий, подлинный (儿童用语)真的,真正的

иллюстрация: рисунок, иллюстрирующий, поясняющий что-н. 插图,插画
книга с иллюстрациями

порозоветь[完]; **розоветь**[未]: становиться розовым 成为绯红色的,变成粉红色
Лицо порозовело от мороза.

златоверхий: в народной поэзии: с золоченым верхом, крышами 〈民诗〉金铸的,金锻的

пестреть: (чем) быть пёстрым от чего-н. 因……变得五颜六色,满是五颜六色的东西
Заборы пестреют афишами. Осенью лес пестреет.

зодчество: искусство строительства зданий, архитектура 建筑学,营造学,建筑术
памятники древнего зодчества; современное зодчество

перпендикулярный: расположенный, направленный под прямым углом к чему-л. 垂直,直立的

УРОК 9

свернуть на перпендикулярную улицу

вестибюль: большое помещение перед входом во внутренние части какого-н., преимущественно общественного здания（公共建筑物或大宅的）前室, 前厅; 入口处大厅

просторный и светлый вестибюль

ВОПРОСЫ К ТЕКСТУ

(1) Почему автор отдаёт предпочтение Ленинграду перед Москвой?
(2) Почему Москву называют «златоглавой»?
(3) В чём своеобразие Москвы?
(4) Почему, по мнению автора, современная Москва не имеет своего лица?
(5) В чём проявляется индивидуальность Петербурга?
(6) Почему автор утверждает, что Русский музей — это ещё и «географическое понятие»?
(7) Что вы узнали о Русском музее из текста?

ЗАДАНИЯ

I. Познакомьтесь со значением фразеологических оборотов. Вставьте вместо пропусков подходящий фразеологизм.

своё лицо — индивидуальность, особенность
терять лицо — потерять достоинство, репутацию
не ударить лицом в грязь — не опозориться перед кем-либо, показать себя с лучшей стороны
в поте лица — с большим напряжением, прилагая все силы, усердно

Российский теннисист _____ , блестяще выступив на международном чемпионате во Франции. У каждого города _____ , своя индивидуальность... И нет ничего страшнее, чем _____ — город сразу станет безликим и серым. Все сотрудники _____ трудились над проектом. На международной выставке российская компания _____ , представив уникальную продукцию оборонных предприятий. Светлана была маленькая, хрупкая блондинка, _____ зарабатывающая хлеб свой.

II. Объясните смысл словосочетаний, переведите их на китайский язык.
златоглавый и островерхий град, купольная архитектура, беспристрастный свидетель, жемчужина зодчества, сохранить своё лицо, гравюрная красота, суровый цветок, архаичный город

III. Выпишите из текста слова А. Пушкина, М. Лермонтова, А. Островского, К. Гамсуна о Москве. Прокомментируйте их.

IV. Выпишите из текста слова и словосочетания, характеризующие Москву и Ленинград. Составьте предложения.

Автор предпочитает что? чему?, потому что ...

Автор отдаёт предпочтение чему?, потому что ...

Я предпочитаю что? чему?, потому что ...

Я отдаю предпочтение чему?, потому что ...

V. Обоснуйте мнения.
(1) Москва была самым оригинальным, уникальным городом на Земле.
(2) Он весь (Ленинград), как продуманное стройное произведение искусства.
(3) Русский музей — это целая страна, в которую можно совершить путешествие.

VI. Прочитайте текст и расскажите, что нового вы узнали о Санкт-Петербурге? Как можно озаглавить этот текст? Замените выделенные слова синонимами или синонимичными выражениями.

Название «Санкт-Петербург» этот красивый город на Неве получил уже второй раз. В начале XVIII века, в 1703 году, царь Пётр Великий **основал** этот город в **дельте** Невы. И город получил имя апостола Петра: Санкт-Петербург (люди обычно **думают**, что город носит имя своего основателя, что **неверно**). Вскоре после основания город стал столицей России.

В 1914 году началась Первая мировая война и город получил название: Петроград. Это перевод слова «Петербург» на русский язык. Третье название — Ленинград город получил в 1924 году после смерти Ленина, основателя советского государства. Это название город носил до 1991 года, когда ему вернули его **прежнее** название — Санкт-Петербург.

VII. Разделитесь на творческие группы (4 — 5 человек). Используя материалы текста и диалога,

— подготовьте и проведите экскурсию по Москве;
— подготовьте и проведите экскурсию по Санкт-Петербургу;
— составьте программу пребывания ваших друзей в Москве;
— составьте программу пребывания ваших друзей в Санкт-Петербурге.

VIII. Пригласите своих друзей в Русский музей. Расскажите об архитектуре здания музея и его экспозициях. В рассказе используйте следующие слова и словосочетания.

путешествие во времени, побывать (где?), чертоги, купол дворца, стеклянный потолок, уникальное хранилище

УРОК 9

IX. Переведите словосочетания на китайский язык и запомните их.

Петропавловская крепость, Монетный двор, Медный всадник, египетские сфинксы, спуск к Неве, площадь Декабристов, пятиметровая статуя весом в 20 тонн, Исаакиевский собор, Дворцовая площадь, архитектурный ансамбль, Зимний дворец, триумфальная арка, Воробьёвы горы, панорама Москвы, Москва–река, набережные Невы, Стрелка Адмиралтейства, Спас на Крови

X. Прочитайте абзац из текста. В нём встречается много имён великих людей. Составьте небольшую справочную статью о ком–нибудь.

С музеем связано много замечательных и великих имён. Растрелли, Левицкий, Венецианов, Федотов, Васильев, Левитан, Врубель, Антокольский, Нестеров, Репин, Верещагин, Серов, Рерих, Васнецов, Куинджи, Кустодиев, да мало ли ...

XI. Определите и сопоставьте значения глагола *смотреть* с разными приставками.

осматривать — осмотреть, рассматривать — рассмотреть, просматривать — просмотреть, обсматривать— обсмотреть, пересматривать — пересмотреть, досматривать — досмотреть, подсматривать — подсмотреть, присматривать— присмотреть, высматривать — высмотреть, посматривать — посмотреть, всматриваться — всмотреться

XII. Прочитайте предложения и переведите их на китайский язык.

(1) Сегодня школьников будут **осматривать** врачи.
(2) Чтобы тщательно **осмотреть** достопримечательности города, лучше взять напрокат велосипед.
(3) Этот вопрос мы **рассмотрим** на следующем уроке.
(4) Я не склонна **рассматривать** эту ситуацию как трагическую.
(5) Большинство из нас, **просматривая** модные журналы, желают стать обладателями современного интерьера, не задумываясь о том. А станет ли он для нас комфортным.
(6) Она **обсмотрела** не только его, но и Селифана, и лошадей, начиная с хвоста и до морды.
(7) Компании **пересмотрят** свою ценовую политику.
(8) Японские родители могут не беспокоиться за своих детишек, совершая покупки в магазине. Робот–нянька **присмотрит** за ребёнком, поиграет с ним, а заодно покажет рекламу новых продуктов.
(9) Он всё подслушивает да за всеми **подсматривает**, только тем и дышит.
(10) Он поминутно **посматривал** во все стороны.
(11) Он с особой теплотой **посматривал** на Веру.
(12) Кого ты там **высматриваешь**?
(13) Она все глаза **высмотрела**, ожидая его.
(14) Чтобы увидеть, нужно **всмотреться**.

131

XIII. Вместо пропусков вставьте подходящий по смыслу глагол из задания XI.

(1) Семья новоселов ... новую квартиру.
(2) Дума ... новые законопроекты на следующем заседании.
(3) Он ... материалы критически, неодобрительно покачивал головой.
(4) Руководители предприятий постоянно ... резюме соискателей в Интернете.
(5) Для того, чтобы пройти и ... горы требуется физическая подготовка.
(6) Вы себе не представляете, какое удовольствие мне доставляет ... этот фильм, открывая с каждым разом что-то новое.
(7) Он то и дело на часы ... , видно к сроку спешит.
(8) Трудно ... , сложно вылечить то, что на сердце у меня.
(9) Когда вы начинаете ... в тьму — тьма начинает ... в вас!
(10) На железнодорожных вокзалах пассажиров будут ... , как в аэропортах.

XIV. Переведите предложения на русский язык.

（1）你融入这个城市就像融入一部好的小说一样,虽然你清楚地知道主人公在做什么,甚至知道每一页在发生这样或那样的事件,但你还是想一遍又一遍地阅读它。
（2）你们知道我的性格和我同建筑的情结,如果我无条件地认为列宁格勒比莫斯科好,你们一定会非常惊讶。
（3）列宁格勒有迄今为止保存很好的城市外观和城市本身反映出来的鲜明个性。
（4）据说,如果是在一个寒冷的清晨或者在金色的夏日黄昏之际看莫斯科,她整个就像一座有着许多金色尖顶建筑物的童话里的城市。
（5）请你尽情发挥想象力,想象一下从麻雀山上俯瞰莫斯科的全景画面:在黎明中变得绯红的数以百计的尖顶山峰,上百个映着淡淡天空光辉的金色教堂圆顶。
（6）你们可以指责我过于偏执,但是任何人都会说自己的家乡好。
（7）莫斯科大约有450个大小教堂,当所有钟同时敲响的时候,这个拥有上百万人口的城市中的空气都为之震颤。
（8）现在莫斯科很多的标志性建筑都消失得无影无踪了。取代古老的、纯俄罗斯的、具有莫斯科独特性的建筑,一座中欧风格的城市建成了,可它又没有任何特别之处。
（9）圣彼得堡历史上逐渐形成是什么样的,现在依然还是那样。这就是我钟爱这个城市的原因之所在。
（10）问一下第一次见到莫斯科和圣彼得堡这两座城市的任何一个人,他们都会轻松、毫无顾虑地说更喜欢后者。

XV. Напишите проблемную статью (или подготовьтесь к дискуссии), опираясь на следующие вопросы.

Новое и старое в городе — вечный предмет споров многих поколений людей. Что такое исторический памятник? Стены древнего собора, узкие улочки старинного города? Место, где жили предки? Почему именно старые города, становясь местом посещения туристов, привлекают к себе внимание? Почему былое так притягательно? Почему ведутся, обращая внимание историков, литераторов, журналистов, писателей, государственных деятелей,

УРОК 9

жаркие споры о сохранении ветхих зданий: как лучше их сохранить, как лучше восстановить? И нужно ли это делать?

Как вы относитесь к этой проблеме?
Продумайте, какую мысль вы будете доказывать?
Какие аргументы, примеры приведете в качестве доказательств?
Какой вывод сделаете?

 Дополнительный текст
Музей погребальных статуй воинов и коней

Музей погребальных статуй воинов и коней находится в 30 километрах от современного Сианя у подножия горы Лишань. Он тесно связан с именем Цинь Шихуана, первого императора Циньской династии, сумевшего объединить несколько царств и создать обширную древнюю империю.

В 1974 году примерно в полутора километрах к востоку от гробницы Цинь Шихуана было обнаружено обширное захоронение погребальных статуй воинов и коней, символизирующих собой как бы гвардию императора, охранявшую его особу в потустороннем мире. Всего таких захоронений 4, и все они входят в единый комплекс. Однако открыто для осмотра лишь одно, самое большое, в котором, как предполагают, более шести тысяч статуй. Над ним, в целях сохранения от непогоды и для удобства дальнейших раскопок, возведён павильон со сводчатым потолком. По форме он напоминает крытый стадион или водный бассейн длиной в 200 и шириной в 72 метра.

Захоронение представляет собой обширное сооружение, расположенное на глубине 5 метров с множеством коридоров, вдоль которых стоят уже отреставрированные фигуры воинов, лошадей, запряжённых в боевые колесницы. Впереди них выстроился головной отряд стрелков в три ряда по 70 фигур в каждом.

Статуи, полые внутри, изготовлены из глины в натуральную величину. Сделаны они очень тщательно и тонко. Древним мастерам удалось даже передать различное выражение лиц воинов, их национальные особенности. По одежде и разным позам воинов можно судить о различии их рангов и даже принадлежности к разным родам войск.

В одном из залов музея привлекают внимание две довольно хорошо сохранившиеся колесницы, запряжённые четвёркой лошадей. Обнаружены они при раскопках в 1980 году к западу от кургана-гробницы Цинь Шихуана. Сделаны они из бронзы, серебра и золота почти в натуральную величину. Очень тщательно и тонко сделана упряжь, украшенная золотом и серебром. Работа древних мастеров просто изумляет, особенно если вспомнить почтенный, более чем двухтысячелетний возраст колесницы, коней и ездового.

ЗАДАНИЯ К ТЕКСТУ

I. Опираясь на текст, продолжите предложения.
   (1) Музей погребальных статуй воинов и коней тесно связан с именем Цинь Шихуана, который ...
   (2) Захоронение погребальных статуй воинов и коней как бы символизирует собой гвардию императора, ...
   (3) Захоронение представляет собой ...
   (4) Работа древних мастеров просто изумляет, потому что ...
   (5) При раскопках были обнаружены ...

II. На основе статьи составьте рекламный проспект для туристов. Не забывайте, что реклама должна быть краткой, но содержательной.
(Смотрите Урок 2, задание III к дополнительному тексту)

III. Напишите письмо своему другу. В письме расскажите ему о своих впечатлениях после посещения музея погребальных статуй воинов и коней.
Конструкции, обозначающие эмоциональное отношение к кому– или чему–либо:
восхищаться (чем?)
испытывать (что?) восторг, радость, удовольствие, гордость
гордиться (чем?)
доставить (что?) удовольствие
Трудно представить, что ...
Время остановилось ...
Дух захватывает от (чего?)
Увиденное ошеломило меня.
быть в (каком) настроении, состоянии
быть в восторге от (чего?)

УРОК 10

Задание. Составьте дотекстовый диалог. Давайте назовём его так «Как жить на Земле, чтобы быть счастливым и успешным?»

Основная идея диалога: чтобы быть успешным в мире, в котором мы живём, нужно понимать, по каким законам живёт этот мир. Нужно не бороться с миром, а найти в нём своего верного союзника. Ведь, если исчезнет человечество, то жизнь на Земле всё равно будет продолжаться. И планеты будут вращаться вокруг Солнца и других звёзд так же, как прежде. Вселенная живёт по своим законам. Законы Развития Вселенной действуют одинаково на всех людей без исключения. И человеку, как части вселенной, нужно знать и соблюдать эти Законы, чтобы достичь успеха в своей жизни.

Текст   Все самое лучшее
Разговор с психологом

О незыблемых законах этого мира рассуждает психолог Галина Тимошенко

Как сделать так, чтобы всё в мире нам помогало? Чтобы только захотел — а тебе сразу все условия для осуществления желаний? Чтобы люди нужные приходили, книги нужные попадались и, вообще, чтобы всё складывалось, как нельзя лучше? Представьте себе: европейская женщина попадает в мусульманскую страну и ведёт себя так же, как дома: носит короткую юбку, смотрит мужчине прямо в глаза, отчаянно торгуется и т. д. Попадёт ли она в условия наибольшего благоприятствования, как вы думаете? «**С волками жить — по-волчьи выть**», «В чужой монастырь со своим уставом не ходят» — это ведь про то же самое, правда? А значит, ответ на первый вопрос оказывается весьма простым: чтобы мир тебе помогал, нужно жить по его законам. И это не имеет никакого отношения к тому, чтобы «прогибаться под мир», потому что под словом «мир» я сейчас подразумеваю не конкретное время и социальные условия, а мир естественный, каким его создал Бог (или природа — кому что нравится). В конце концов, живём-то мы именно в нём!

Законы этого мира давно известны физике и биологии. И не надо говорить, что в человеческом обществе всё устроено по-другому, намного сложнее и непонятнее ... Ничего подобного. Как вы думаете, что нужно для того, чтобы вывести физическое тело из состояния покоя. Конечно, приложить к нему силу, то есть заставить что-либо сделать. То есть, чтобы добиться каких-либо изменений в жизни, надо начать

что-либо делать. Вспомните третий закон **Ньютона** — сила действия равна противодействию! И закон **Жана-Батиста Ламарка** — неупражняемый орган или неупражняемая функция атрофируются. Иными словами, если вы не будете каждый день разговаривать, то наступит время, когда вы разучитесь говорить ... Законы Ньютона и Жана-Батиста Ламарка полностью объясняют все процессы, происходящие в жизни человека. И называются эти законы очень просто — здравый смысл. Следовательно, здравый смысл — это соответствие происходящего в жизни человека законам окружающего его мира, то есть гармония мира человека и мира природы. Но есть люди, которые считают, что здравый смысл — это жизнь по принципу «моя хата с краю». А это разрушительный принцип. Мы говорим о другом здравом смысле, который можно сформулировать в четырёх законах.

Закон первый. Не всё в жизни мы можем проконтролировать и изменить. Речь идёт о том, что иногда необходимо уметь подчиниться естественному ходу вещей, как бы это ни было неприятно, больно, обидно ... Но одновременно этот принцип и о том, что не стоит тратить силы на попытки контролировать то, что мы проконтролировать не в состоянии. Кроме того, он напоминает о существовании необратимых ситуаций и, соответственно, об опасности необратимых действий. В русском языке этот принцип отчётливо выражен в известных всем пословицах и поговорках: «Семь раз отмерь, один раз отрежь», «Что в лоб, что по лбу», «Снявши голову, по волосам не плачут», «Шапкой моря не вычерпаешь».

Закон второй. Всему — своя мера. Этот принцип регулирует всё в нашей жизни, что связано с наличием тех или иных ограничений. Именно он напоминает, что в любой игре есть свои правила, а в любом действии — мера необходимого. Помня об этом принципе, легко понять, что желания даже самых близких людей имеют полное право не совпадать — да мало ли что ещё подпадает под действие этого великого принципа! Фольклор об этом говорит так: «Каждому — своё», «**Свою голову другому не приставишь**», «На вкус и цвет товарищей нет», «Не в свои сани не садись», «**Что позволено Юпитеру, не позволено быку**», «Лучшее — враг хорошего» и т. п.

Закон третий. За всё надо платить. Речь идёт о том, что любое желание человека требует неких затрат энергии, и, если, человек на какое-то своё желание не готов эту энергию тратить, значит, не очень-то он этого хочет. Но этого мало: даже приложив необходимое количество усилий, человек сталкивается с тем, что любое действие предполагает определённые последствия. Иначе говоря, если человек не готов разбираться с последствиями какого-либо своего действия, то лучше этого действия и не совершать. Но этот принцип ещё и о том, что у всякого действия своя цена. Вспомните, «Любишь кататься — люби и саночки возить», «Не давши слова — крепись, а давши — держись», «Плати, да не переплачивай», «Как аукнется, так и откликнется», «Не зная броду, не суйся в воду», «За двумя зайцами погонишься — ни одного не поймаешь».

Закон четвёртый. Всё в мире устроено по одним и тем же законам. Наверное, в самой ранней своей формулировке этот принцип был представлен в одной из формулировок известного в философии принципа «**бритвы Оккама**» —

УРОК 10

«Не нужно множить сущности без надобности». Чуть попозже о том же писал сэр Исаак Ньютон: «Природа проста и не роскошествует излишними причинами». А ещё позже — **Мишель Монтень**: « Знание некоторых закономерностей освобождает от необходимости знания многих фактов ». Имеется в виду, что законов, по которым устроено мироздание, не так уж много — зато каждый из них является всеобщим. Вспомните: Солнечная система, атом и любой устойчивый коллектив устроены по одной и той же схеме. Иными словами, этот принцип про возможность делать много разных полезных выводов из одного и того же события, из одной и той же ошибки, из одних и тех же наблюдений. «На ошибках учатся», «От добра добра не ищут», «Не пили сук, на котором сидишь», «Решетом воды не вычерпаешь», «Дураки учатся на своих ошибках, умные — на чужих», «Всё подобно всему».

Вот и получается, что человек, обладающий здравым смыслом, —это человек, способный соотносить свои действия с законами реальности. И когда он живёт по законам окружающего мира, отчего бы миру ему не помогать? Или иначе: если человек говорит с миром на его языке, он и предложение помощи сумеет понять, и самой помощью сможет воспользоваться. А ещё проще: хотите жить в мире — учите его язык.

КОММЕНТАРИИ

Галина Тимошенко — психолог, психотерапевт и телеведущая (www.galina-timoshenko.moikrug.ru)

С волками жить — по-волчьи выть — в своих действиях мы часто руководствуемся жёсткими внешними условиями, а не собственными принципами. Говорим для оправдания какого-то, часто неблаговидного поступка, совершенного под давлением обстоятельств, или предупреждая необходимость подчиниться действующим в обществе правилам.

Исаак Ньютон — английский физик, астроном и математик. Один из создателей классической физики.

Жан-Батист Ламарк — французский учёный-естествоиспытатель. Первый биолог, который попытался создать стройную и целостную теорию эволюции живого мира.

Свою голову другому не приставишь — изменить образ мыслей другого человека невозможно.

Что позволено Юпитеру, не позволено быку — древнеримская народная мудрость. Сильному мира сего дозволено всё...

бритва Оккама (**лезвие Оккама**) — методологический принцип, получивший название по имени английского монаха, философа Уильяма Оккама. В упрощённом виде он звучит так: «Не следует привлекать новые сущности без крайней на то необходимости». Этот принцип называют принципом бережливости, или законом экономии.

Мишель Монтень — французский мыслитель, юрист, политик эпохи Возрождения.

СЛОВАРЬ

незыблемый: устойчивый, непоколебимый 牢固的，不可动摇的
незыблемая башня; незыблемая вера; незыблемый порядок

сторговаться [完]; торговаться [未]: добиваться уступок, договариваясь о цене или денежных условиях при какой-л. покупке; настаивать на изменении предполагаемой стоимости товара; спорить, стремясь выгадать что-н. 〈转，口〉讲条件，讨价还价
Я уверен — мы сторгуемся.

аукнуться [完]; аукаться [未]: перекликаться крича «ау!» 〈口〉相互喊"ау"找寻
Как аукнется, так и откликнется: 〈谚〉施与人者受于人，一报还一报
брод: мелкое место реки или озера, удобное для перехода（能涉过去的）浅滩，浅处
Не зная броду, не суйся в воду: 〈谚〉未询渡头，且莫涉水（勿轻率从事）
формулировка: сформулированная мысль, формула（意思的）表达，表达的方式，说法，措词；定义
точная формулировка; изменить формулировку в приказе

роскошествовать [未]: жить в роскоши, богато, расточительно, позволять себе лишнее в удовлетворении своих потребностей 生活奢侈；在……上过分讲究
Стыдно роскошествовать, когда другим есть нечего.

ЗАДАНИЯ

I. Прочитайте определения «здравого смысла», которые даются в философских словарях. Дайте определение этому понятию на основе текста. Какое определение этому понятию можете дать вы самостоятельно?
   (1) Здравый смысл — система общепринятых представлений о реальности, накопленная многими поколениями и необходимая каждому человеку для объяснения и оценки встречаемых явлений
   (2) Здравый смысл — это инстинктивное чувство истины
   (3) Здравый смысл — это способность принимать правильные решения и делать правильные предположения, основываясь на логическом мышлении и накопленном опыте

II. Ответьте на вопросы.
   (1) Как сделать так, чтобы всё в мире нам помогало?
   (2) Как сделать так, чтобы всё складывалось, как нельзя лучше?

III. Прочитайте слова и словосочетания. Выясните их значения по словарю.
мироздание, благоприятствование, атрофироваться, незыблемый, закон, закономерность, прогибаться под мир

УРОК 10

IV. Продолжите предложения.
(1) Чтобы мир тебе помогал, ...
(2) Человек, обладающий здравым смыслом, — это ...
(3) Если человек не готов разбираться с последствиями какого-либо своего действия, ...
(4) Чтобы произошли какие-то изменения в жизни, ...
(5) Если не можешь проконтролировать ситуацию, ...

V. Как вы понимаете данные выражения? Выскажите своё мнение.
(1) У всякого действия своя цена.
(2) С миром надо разговаривать на его языке.
(3) Умей подчиняться естественному ходу вещей.
(4) В любой игре есть свои правила, а в любом действии — мера необходимого.

VI. Выпишите из текста пословицы. Попробуйте подобрать к ним аналоги на китайском языке. Сравните отношение к жизни китайского и русского народов.

Пословица — жанр фольклора, афористически сжатое, образное, грамматически и логически законченное изречение с поучительным смыслом в ритмически организованной форме.

Пословица — это отражение национального менталитета.

VII. Прочитайте притчу. Как притча соотносится с текстом?

Принять себя

Вы не можете быть никем иным, а лишь тем, кто вы есть. Расслабьтесь! Существованию вы нужны именно таким.

Однажды царь пришёл в сад и увидел вянущие и гибнущие деревья, кусты и цветы. Дуб сказал, что он умирает, потому что не может быть высоким, как сосна. Обратившись к сосне, царь увидел её умирающей потому, что она не может давать виноград подобно виноградной лозе. А лоза умирала потому, что она не может цвести, словно роза. Вскоре он увидел одно растение, радующее сердце, цветущее и свежее.

— Почему ты цветёшь, а все другие растения погибают. Открой мне свой секрет.

— А по-другому и не может быть, — ответило растение. — Когда ты посадил меня, ты хотел получить радость. Если бы ты хотел получить дуб, сосну или розу — ты посадил бы их. Поэтому я думаю, что не могу быть ничем другим, кроме того, что я есть. И я стараюсь развивать свои лучшие качества.

VIII. Составьте предложения со следующими словами или словосочетаниями.

вести себя; смотреть (кому) в глаза; в конце концов; не в состоянии (что делать); приложить усилия; иначе говоря; иными словами

IX. Прокомментируйте следующие пословицы.

(1) В чужой монастырь со своим уставом не ходят.
(2) Семь раз отмерь, один раз отрежь.
(3) На вкус и цвет товарищей нет.
(4) Лучшее — враг хорошего.
(5) За двумя зайцами погонишься — ни одного не поймаешь.
(6) Любишь кататься — люби и саночки возить.
(7) На ошибках учатся.
(8) Моя хата с краю.

X. Определите и сопоставьте значения глагола падать с разными приставками.

падать — упасть, попадать — попасть, впадать — впасть,
пропадать — пропасть, выпадать — выпасть,
подпадать — подпасть, нападать — напасть, отпадать — отпасть
попадаться — попасться, спадать — спасть

XI. Прочитайте предложения и переведите их на китайский язык.

(1) Конечно, очередной проигрыш мы приняли не со смехом и улыбками до ушей. Но *впадать* в уныние и не думаем!
(2) Похудеть и не *впасть* в депрессию поможет сон.
(3) Рассказ В. Шукшина «Вянет, *пропадает*» развёртывается как бытовая сценка.
(4) Письмо *попало* не по адресу.
(5) Если биатлонист не *попадал* в круг, его наказывали минутой штрафа.
(6) Ему каждый раз *попадает* за подобные выходки.
(7) Надо налаживать отношения с французами, но не *попадаться* на провокации — ведь подбрасывают деньги, листовки.
(8) Прибыль компании *падает*.
(9) В этом году *выпало* рекордное количество осадков.
(10) Снег *выпал* совершенно неожиданно как для жителей, так и для метеорологов.
(11) Эти действия *подпадают* под уголовную статью.
(12) Не хотелось бы мне *подпасть* под его гнев.
(13) Выбора у ЦСКА нет: будем *нападать*, будем бить по воротам при первой попавшейся возможности. К этому нас обязывает статус матча.
(14) Листья на деревьях желтеют и *отпадают*.
(15) Уровень воды в Неве начал *спадать*.

XII. Вместо пропусков вставьте подходящий по смыслу глагол из задания X.

(1) О том, что Волга ... в Каспийское море, известно давно.
(2) Число бесследно исчезнувших в России людей ежегодно прирастает на 12—15%. Без следа ... не только простые рабочие.
(3) Если вы ... сюда, то значит, что-то вас сюда привело.
(4) Уж вечер был, мы шли берегом моря, когда стали ... на песке эти камни.

УРОК 10

(5) Нельзя ложиться под кокосовую пальму, кокосовый орех может ... и разбить голову.

(6) Если тебе ... какой-нибудь шанс, его необходимо попытаться использовать.

(7) По его оценкам под сокращение могут ... не менее 500 человек.

(8) Собака ... на след зверя, но потеряла его на лесных тропах.

(9) Ручку приклеили, но она опять ...

(10) Жара ... Невероятно! Глазам своим не поверил, когда увидел на термометре с утра + 20 градусов всего...

XIII. Переведите предложения на русский язык.

（1）改变物体的静止状态需要什么条件？是的，要对物体施加力。

（2）牛顿第三定律是"作用力等于反作用力"吗？

（3）不锻炼的器官或者功能会萎缩。也就是说，如果你每天不与人交谈，有一天你就不会说话了。

（4）常识——指的是生活里发生的事符合周围世界的规律，也就是人与自然界的和谐。

（5）有时候必须向自然的发展进程妥协，无论你感到多么的不快和痛心。

（6）任何行为事先确定要产生一定的结果。如果你搞不清事情的结果，不要贸然行事。

（7）当我们无法控制和改变世间的一些事情时，就不要为此浪费时间和精力。

（8）任何游戏都有自己的规则，任何行为都有自己的准则，违背了它不会有好的结果。

（9）人的任何愿望都需要我们付出精力，没有付出，谈何拥有。

（10）当人的行为违背自然规律，就将导致人与自然关系的失衡，造成人与自然的不和谐。

XIV. Попробуйте сформулировать законы, по которым вы живёте в этом мире.

Дополнительный текст

Некоторые думают, что сказки и притчи предназначены в первую очередь для детей. Но почему? Именно притчи и сказки, кажущиеся на первый взгляд такими простыми, несут в себе настоящую мудрость. Нужно только прислушаться.

На этой странице вы найдёте замечательные притчи, которые легко отвечают на вопросы, на которые не могут ответить ни философия, ни наука, ни религия. Самое главное — не пытайтесь найти истину в словах этих притч, потому что слова только указывают на истину, но никогда ей не являются. А истина находится внутри Вас.

Притчи, собранные на этой странице, пришли с Востока. Так что устраивайтесь поудобнее и слушайте.

Притча о колодце

Однажды осёл упал в колодец и стал громко вопить, призывая на помощь. На его крики прибежал хозяин ослика и развёл руками — ведь вытащить ослика из колодца было невозможно.

Тогда хозяин рассудил так: «Мой осёл уже стар, и ему недолго осталось, а я всё равно хотел купить нового молодого осла. Этот колодец уже высох, и я уже давно хотел его засыпать и вырыть новый. Так почему бы сразу не убить двух зайцев — засыплю-ка я старый колодец, да и ослика заодно закопаю».

Недолго думая, он пригласил своих соседей — все дружно взялись за лопаты и стали бросать землю в колодец. Осёл сразу же понял, что к чему и начал громко вопить, но люди не обращали внимания на его вопли и молча продолжали бросать землю в колодец.

Однако, очень скоро ослик замолчал. Когда хозяин заглянул в колодец, он увидел следующую картину — каждый кусок земли, который падал на спину ослика, он стряхивал и приминал ногами. Через некоторое время, к всеобщему удивлению, ослик оказался наверху и выпрыгнул из колодца! Так вот...

... Возможно, в вашей жизни было много всяких неприятностей, и в будущем жизнь будет посылать вам все новые и новые. И всякий раз, когда на вас упадёт очередной ком, помните, что вы можете стряхнуть его и именно благодаря этому кому, подняться немного выше. Таким образом, вы постепенно сможете выбраться из самого глубокого колодца.

Каждая проблема — это камень, который жизнь кидает в вас, но ступая по этим камням, вы можете перейти бурный поток.

Запомните пять простых правил:
1. Освободите своё сердце от ненависти — простите всех, на кого вы были обижены.
2. Освободите своё сердце от волнений — большинство из них бесполезны.
3. Ведите простую жизнь и цените то, что имеете.
4. Отдавайте больше.
5. Ожидайте меньше.

убивать — убить двух зайцев — одновременно выполнять два разных дела, осуществлять две разные цели
1) Занявшись туризмом, я **убил сразу двух зайцев** — стал физически более сильным и, путешествуя, увидел много красивых мест.
2) Модернизируя предприятие, новый руководитель **убил двух зайцев**: привлёк иностранные инвестиции и вывел компанию на мировой рынок.

Придумайте своё предложение с этим фразеологизмом.

Притча о раввине

Жил старый раввин, известный своей мудростью. К нему за советом шли все люди. Однажды пришёл к нему один человек и стал жаловаться на всё зло, которое принёс в его жизнь так называемый технический прогресс.

— Разве имеет цену весь этот технический хлам, — спросил он, — когда люди задумываются о смысле и ценности жизни?

УРОК 10

— Всё в мире может способствовать нашему знанию: не только то, что создал Бог, но и то, что сделал человек.

— Но чему мы можем научиться у железной дороги? —спросил в сомнении пришедший.

— Тому, что из–за одного мгновения можно упустить всё.

— А у телеграфа?

— Тому, что за каждое слово надо отвечать.

— А у телефона?

— Тому, что там слышно всё, что мы говорим здесь.

Понял пришедший раввина, поблагодарил его и пошёл своей дорогой.

Притча о монахе

Один монах убегал от тигра, но тот загнал его на край обрыва у реки, и монаху не оставалось ничего другого, как уцепиться за лиану, которая висела над рекой. И тут он заметил, что внизу его поджидает огромный крокодил, и глаза у него такие же голодные и злобные, как у тигра наверху. В довершении всего две мышки стали грызть лиану, которая и так уже трещала под тяжестью монаха. Выхода нет.

И в этот последний миг он заметил недалеко от себя кустик клубники с яркой ягодкой. Он протянул к ней руку и в полной мере насладился её вкусом.

Всё. На этом притча заканчивается... Правда, кто–то может спросить: « А спасся ли монах?» Конечно, а иначе кто бы мог рассказать эту историю.

Придумайте свою притчу о смысле жизни.

ПОВТОРЕНИЕ 2

一、口语表述 (Говорение, *10* мин.)
Тема: «Путешествие в нашей жизни»
План сообщения:
1. Достоинства (польза) компьютерных игр.
2. Недостатки (вред) компьютерных игр.
3. Ваше мнение.

二、阅读理解 (Чтение, *30* мин.)
Прочитайте тексты и задания. Выберите правильный вариант, отметив соответствующую букву на матрице.

 Текст 1   Преобразование природы

Управление природными процессами — сложная и увлекательная проблема. Природа, окружающая человека, представляет собой настолько тонкий, чуткий организм, что малейшее нарушение хода естественных процессов может вызвать длинную цепь последствий. Нельзя изменять природу, не зная, к чему в конечном итоге приведёт изменение.

Что, например, произойдёт, если растопить ледники Антарктиды? Климат на земном шаре станет теплее — сам собой напрашивается ответ. Но в этом случае дело обстоит не так просто.

Да, уничтожение ледников приведёт к значительному повышению температуры в южных высоких широтах. Во всяком случае, таким будет первоначальный результат.

Далее, уровень океана повысится на несколько десятков метров, и, значит, под водой окажутся целые страны, густо заселённые низменности с плодородными почвами.

Глубокое проникновение морских заливов в массивы суши сделает климат материков в южном полушарии более ровным, тёплым и влажным. В то же время резко замедлится течение почти всех рек земного шара, в руслах их начнут откладываться ил и песок, которые раньше выносились в океан.

Увеличится площадь болот, потому что повысится уровень грунтовых вод, что в свою очередь приведёт к изменению почв, характера растительности. В частности, могут начать разрушаться чернозёмы — почвы, сформировавшиеся в условиях сухого климата.

Чаще, чем теперь, облака будут закрывать от людей солнце. В настоящее

ПОВТОРЕНИЕ 2

время средняя температура атмосферы земного шара +14.4 градусов, а средняя облачность —50%. Но если процент облачности возрастёт до 60%, то средняя температура на Земле понизится на 10℃. Подумайте, к каким последствиям это может привести?!

Означает ли это, что человек не должен преобразовывать природу? Конечно, нет. Стремительно возрастает техническое могущество человека и так же стремительно должны расширяться наши знания о том, как поведёт себя изменённая человеком природа. Человек будущего, располагая могучей техникой, будет не только разумно использовать природные богатства —он непременно будет преобразовывать природу в гораздо более широких масштабах, чем это делаем мы сейчас.

1. По мнению автора, сегодня природу можно изменять или нет?
   A) Нельзя изменять природу, это люди поняли давно.
   B) Нельзя, потому что человек не знает, к чему приведёт изменение.
   C) Можно только в том случае, если человек предвидит результат.
   D) Естественно, да. Сам собой напрашивается ответ.
2. Каких последствий не окажется, если произойдёт уничтожение ледников Антарктиды?
   A) Повысится температура в холодных регионах южного полушария.
   B) Некоторые части материков южного полушария окажутся под водой.
   C) Увеличится площадь болот, и процент облачности возрастёт на 10%.
   D) Ясных дней будет больше, и средняя температура на Земле будет 4.4.
3. Чего опасается автор этой статьи?
   A) Его беспокоит то, что стремительно возрастает техническое могущество человека будущего.
   B) Его волнует то, что человек будущего будет неразумно использовать могучую технику.
   C) Он переживает, что человек будущего не сможет разумно преобразовывать природу.
   D) Он опасается того, что человек будущего будет преобразовывать природу в более широких масштабах.

Текст 2 Немного об исследовании Венеры

Корреспондент агентства печати «Новости» обратился к одному из крупнейших советских астрономов профессору Мартынову с просьбой рассказать об исследованиях Венеры, о результатах полёта «Венеры–4».

— Чем вызван особый интерес к Венере? Почему именно она была избрана целью космического путешествия?

— Планета Венера издавна привлекала к себе внимание учёных. Многим исследователям казалось, что Венера представляет как бы модель Земли на более ранней стадии её развития.

Действительно, она во многом напоминает Землю — и своими размерами, и относительной близостью к Солнцу. К большой досаде астрономов, атмосфера Венеры оказалась насыщенной непрозрачными облаками, которые полностью скрывают поверхность планеты. Поэтому Венера долго оставалась одним из наименее изученных астрономических объектов.

— Каковы современные представления о Венере?

— Наиболее важные сведения, полученные в последние годы, касаются температуры Венеры, периода её вращения и химического состава атмосферы. Ещё в двадцатых годах была определена температура поверхностного слоя венерианских облаков — она оказалась равной минус 35—40. Примерно такая же температура в атмосфере Земли на уровне самых высоких облаков. Но тогда же было отмечено и важное отличие: оказалось, что в атмосфере Венеры содержится много углекислого газа.

Десять лет назад впервые стали исследовать собственное радиоизлучение Венеры в сантиметровом диапазоне. Такие волны излучаются нагретыми телами, причём интенсивность излучения зависит от температуры. Результаты исследований оказались неожиданными — температура поверхности планеты достигала плюс 250—300.

Большой перепад температуры между поверхностью планеты и границей облаков дал возможность предположить наличие мощного атмосферного слоя с давлением в несколько десятков атмосфер.

— Что принципиально нового внесли в наши представления о Венере данные, полученные с помощью автоматической станции «Венера–4»?

— Новое прежде всего в том, что теоретики планетной астрономии получили прекрасное и убедительное подтверждение своим основным выводам о природе Венеры. Это, конечно, подействует вдохновляюще на все дальнейшие исследования Вселенной.

Другим не менее важным достижением является то, что продемонстрирована возможность доставки научной аппаратуры на другие планеты.

Огромным преимуществом автоматической станции «Венера–4» явилось то, что с её помощью оказалось возможным впервые в мире получить конкретные сведения о далёкой планете. Теперь мы имеем уже не предположительные, а самые конкретные и точные результаты физических измерений на Венере. Температура на её поверхности в районе посадки станции составляет 280. Плотность атмосферы — до 15 атмосфер.

— Учитывая высокую температуру на Венере, можно ли категорически отрицать возможность жизни на этой планете?

— Отнюдь нет. Если на Венере раскалена поверхность, то в высоких слоях атмосферы существуют значительно более благоприятные для жизни условия. Вполне допустимы такие формы жизни, как, например, атмосферный планктон, многочисленные летающие организмы.

Впрочем, насколько это верно, покажет ближайшее будущее и, можно

ПОВТОРЕНИЕ 2

надеяться, недалёкое. Придёт время — и Венере придётся расстаться со своим романтическим званием «планеты загадок».

4. Почему Венера долгое время оставалась наименее изученным астрономическим объектом?
   A) Потому что люди не хотели, чтобы она рассталась со своим романтическим названием — планета загадок.
   B) Потому что в атмосфере Венеры много непрозрачных облаков, которые скрывали её поверхность.
   C) Потому что она находится довольно близко к солнцу.
   D) Потому что она не представляла интереса для ученых.

5. Какими сведениями о Венере располагают сегодня ученые?
   A) Предположительными сведениями.
   B) Самыми конкретными и точными результатами физических измерений.
   C) В ближайшем будущем ученые начнут исследования планеты.
   D) Только научными гипотезами об этой таинственной планете.

6. Есть ли жизнь на Венере?
   A) На такой планете, как Венера, не может быть жизни.
   B) Вполне допустимы такие формы, как атмосферный планктон и др.
   C) На такой планете, как Венера, конечно, должна быть жизни.
   D) Возможно, раньше была жизнь на этой планете, а сейчас — нет.

Текст 3   Сергей Павлович Королёв

Имя Сергея Павловича Королёва долгое время оставалось известным только узкому кругу людей, связанных в СССР с космическим исследованием. В течение многих лет он был самым главным человеком в советском космическом «хозяйстве». Запуск первой советской ракеты, первого спутника, полёт первого космонавта, первый выход человека в открытый космос, запуск первых космических аппаратов к Луне...

Он был необыкновенный человек: с детства мечтал о летательных аппаратах, учился одновременно в высшем техническим училище и в школе лётчиков. А однажды ему в руки попала книга Циолковского, которая определила его дальнейшую судьбу. Вскоре после окончания училища Королёв создал группу изучения реактивного движения, в которую вошли молодые энтузиасты. Они своими руками создали и запустили первую в стране реактивную ракету, которая поднялась в воздух на 400 метров.

Как большинство учёных того времени Королёв не избежал репрессий. В конце тридцатых годов он был арестован и отправлен в лагерь на Крайний Север. Правда, позже его перевезли в Москву, и он, оставаясь заключённым, работал в научном институте. В течение всех военных лет Королёв занимался разработкой боевых ракет и ракетных двигателей. После войны он был освобождён и назначен руководителем большого конструкторского бюро, в котором создавались современные ракеты. Так началась эра космонавтики.

Сам Королёв говорил, что цель его жизни — отправить человека в космос. И он достиг этой цели 12 апреля 1961 года. Королёв лично проводил до ракеты первого космонавта земли Юрия Гагарина. Весь мир видел торжественную встречу космонавта после возвращения. Но никто не видел Королёва. Его лицо никогда не показывали по телевизору.

Королёв пользовался огромным авторитетом и уважением у людей, работающих с ним. Он был строг, даже суров. Его никогда не покидало чувство большой ответственности.

Коллега и друг Королёва академик Раушенбах вспоминал: «Работать с Королёвым было трудно, но интересно. Высокая требовательность, короткие сроки — всё это приводило нас к сильному, большому напряжению. Работа шла днём и ночью. Даже в воскресенье приходилось работать. Но он всё же был хорошим другом, внимательным и чутким».

Ответственная работа и постоянное напряжение рано подорвало здоровье Королёва. Он умер, не дожив до шестидесяти лет. О его смерти сообщали все газеты, все телевидения и радио. Тогда, наконец, все узнали о человеке, которого журналисты сразу назвали «отцом советской космонавтики».

7. Почему о Королёве знало очень мало людей?

   A) Королёв не хотел этого.
   B) Правительство не давало о нём знать.
   C) Люди им не интересовались.
   D) Это был секрет для прессы.

8. О чём мечтал Королёв с детства?

   A) Мечтал о полётах.
   B) Мечтал об открытии новой теории.
   C) Мечтал стать главным конструктором.
   D) Мечтал стать космонавтом.

9. Сколько метров пролетела первая ракета Королёва?

   A) 400 метров.
   B) 400 километров.
   C) 500 метров.
   D) 500 километров.

10. Где был Королёв в период репрессий?

    A) Он был на Камчатке.
    B) Он был в самой северной части страны.
    C) Он был в своём городе.
    D) Он был на севере и в Москве.

11. Любили ли коллеги Королёва?

    A) Нет, это был суровый человек.
    B) Да, с ним работать было очень легко.

ПОВТОРЕНИЕ 2

C) Нет, его никто не любил.
D) Да, это был хороший человек.

 **Текст 4**

Российская наука начала складываться лишь в послепетровский период, примерно с середины XVII века, когда был основан первый Московский университет и начала функционировать Императорская академия наук. Наука развивалась в России в неблагоприятной интеллектуальной окружающей среде. Но российская наука всегда была государственным предприятием, особенно в советское время. Она пользовалась поддержкой государства, так как от неё зависели военный потенциал страны, система государственного управления и подготовка кадров.

В «рыночной» России официальная наука ещё остаётся государственной, но бюджетная её поддержка постоянно уменьшается. Поэтому главный вопрос её дальнейших перспектив зависит от того, найдёт ли российская наука спрос со стороны предпринимательства и рыночных структур. Сегодня однозначного ответа на этот вопрос нет. Вот цифры. Общий объём инвестиций во внутренней валовой продукции России был: в 1990 году — 22,4%, 1994 — 17,8%, 1995 — 16,1%, 1996 — 16,4%. Наши предприниматели, не веря в стабильность экономики, вывезли за границу около 150 млрд. долларов. За последние 12 лет численность занятых в науке людей сократилась в три с лишним раза, а финансирование — в пять раз.

И всё же шансы для развития российской науки есть. Единственный способ развития и обеспечения благополучия России (а сюда входят рост культуры, занятость, продолжительность жизни, образование, бытовой комфорт, сохранение территориально-государственной целостности) зависит от того, станет ли Россия обществом высоких технологий, обществом, построенным на прочном фундаменте знаний. Иначе Россия может превратиться в страну, торгующую сырьевыми ресурсами.

Первые признаки этого понимания есть. Так, мэр Москвы Юрий Лужков сообщил, что мэрия считает необходимым, чтобы Москва постепенно поменяла статус супериндустриального города на центр научных и научно-технологических исследований. Для этого есть все основания. В столице и окружающих её городах сосредоточено до 80% научного потенциала России. Здесь же расположено свыше сотни лучших вузов страны.

Сейчас нужна поддержка в первую очередь тех научных центров и научных организаций, которые проводят фундаментальные и прикладные исследования, делающие реальный вклад в создание конкурентоспособных технологий, товаров и услуг. При этом произойдёт развитие тех научно-исследовательских институтов и центров, которые сумеют создать технологии и продукцию, превосходящие зарубежные. Только так может произойти взаимовыгодная интеграция науки,

производства и сферы обслуживания.

Возможна переориентация нашей науки на использование мировых научно-информационных ресурсов в интересах России. Это потребует ускоренной переподготовки кадров. Но это же откроет эффективный путь к относительно быстрому и дешёвому возрождению российской науки.

Возможна также интеграция наиболее сильных научных институтов и отвечающих современному уровню образования университетов. Это могло бы дать России возможность уже в первой четверти XXI века вновь стать мощной научно-технологической державой, способной решать свои проблемы силами своей науки.

12. С какого времени стала развиваться российская наука?
   A) Корни российской науки уходят в далёкую древнюю Русь.
   B) Российская наука стала быстро развиваться при Петре.
   C) Наука развивалась в России в самой неблагоприятной среде.
   D) После Петра Первого, когда основали Московский университет.

13. В каком состоянии находилась наука России в момент выходы в свет статьи?
   A) В науку не вкладывали денег, научных сотрудников сократилось в 3 с лишним раза.
   B) Инвестиции снизились на 16.4%, финансирование—в 5 раз.
   C) В тот момент однозначного ответа на этот вопрос не было.
   D) Тогда дальнейшие перспективы зависели от того, найдёт ли российская наука спрос со стороны предпринимательства.

14. О чем думал тогда мэр Москвы Юрий Лужков?
   A) Москва должна стать центром научно-технических исследований.
   B) Москва должна превратиться в супериндустриальный город.
   C) В столице и окружающих её городах сосредоточить до 80% научного потенциала России.
   D) Мэр столицы предлагает объединить расположенные в Москве свыше сотни лучших вузов страны.

15. Что предлагает автор (каково мнение автора) по поводу возрождения науки России?
   A) Надо уменьшить численность научных сотрудников.
   B) Надо ускорить переподготовку научных кадров и финансирование.
   C) Надо совершить переориентацию науки на использование научно-информационных ресурсов ради прогресса человечества.
   D) Надо открыть эффективный путь к относительно быстрому и дешёвому возрождению российской науки.

三、综合知识 (Грамматика, лексика и стилистика, литература, страноведение, *30 мин.*)

Прочитайте предложения. Выберите правильный вариант и отметьте соответствующую букву на матрице.

ПОВТОРЕНИЕ 2

ГРАММАТИКА

16. Экология—это наука, изучающая отношение _____ жизни на планете с окружающей средой.
    A) всех форм
    B) у всех видов
    C) возникновения
    D) о возможности

17. — Ты когда-нибудь видел во сне ужасы?
    — Да, мне снилось однажды _____.
    A) нечто подобное
    B) ничего подобного
    C) что-нибудь страшное
    D) чего-нибудь страшного

18. Ванька Жуков, _____ три месяца тому назад в ученье к сапожнику, в ночь под Рождество не ложился спать, а начал писать письмо.
    A) отдавший
    B) отдав
    C) отданный
    D) отдавая

19. В тумане, _____ не видно дороги, лучше остановить машину.
    A) который
    B) что
    C) когда
    D) какой

20. Я начал было пенять на Никитина, _____ вспомнил о том, что он звонил мне по этому поводу.
    A) как
    B) раз
    C) причем
    D) после чего

21. _____ я стал принимать это лекарство, у меня перестало болеть горло.
    A) Перед тем как
    B) Если
    C) Поэтому
    D) После того как

22. Муж и жена жили не дружно. Не проходило дня, _____ они не ссорились.
    A) чтобы
    B) как
    C) что
    D) когда

23. Что касается меня, _____ я по-прежнему живу в Ялте.
    A) то
    B) если
    C) тогда
    D) так как

24. Вы бы лучше объяснили мне, чем _____. Быстрее бы решили проблему.
    A) орать
    B) орали
    C) заорать
    D) заорали

25. В последние годы _____ экспериментальных исследований найдено свыше 20 чистых металлов.
    A) в силу
    B) в результате
    C) ввиду
    D) вследствие

26. Всю свою жизнь М. В. Ломоносов стремился быть _____ своему Отечеству.
    A) полезен
    B) полезным
    C) полезный
    D) полезно

27. Мы можем так поступить только в том случае, если вы _____ нам гарантию.
    A) объявите
    B) дадите
    C) предоставьте
    D) окажите

28. Когда говорят о русской живописи, непременно _____ о Третьяковской галерее.
    A) вспоминают   B) напоминают
    C) запоминают   D) припоминают

29. Вы можете через этот тест проверить, _____ здоровы ваши семейные отношения.
    A) насколько   B) сколько
    C) настолько   D) столько

30. За сотню лет _____ Нобелевской премии стало более 600 человек.
    A) лауреаты   B) лауреатов
    C) лауреатам   D) лауреатами

31. _____ заводом площади планировались использовать для размещения новой линии, откуда продукция должна была прямо поставляться на рынок.
    A) Арендованные   B) Арендуемые
    C) Арендующие   D) Арендуя

32. Молодёжь всегда интересует всё, что происходит вокруг _____.
    A) себя   B) неё
    C) самой   D) её

33. В этих местах солнечных дней гораздо больше, _____ на южных курортах.
    A) тем   B) чем
    C) между тем   D) тем более

34. Не уговаривай меня, у меня с ним давно _____.
    A) покончено   B) закончили
    C) окончено   D) докончили

35. Я считаю, что только высшее образование гарантирует хорошую работу, человек без диплома лишён этого.
    A) так как   B) перед тем как
    C) едва как   D) тогда как

36. Такая важная встреча, все _____, почему ты без него?
    A) под галстуком   B) с галстуками
    C) в галстуке   D) при галстуках

37. Приди Маша на 10 минут раньше, _____ Сашу дома.
    A) застала бы   B) заставала
    C) заставила бы   D) заставляла

38. Химическая активность кислорода очень высока, _____ большое количество кислорода постоянно переходит из свободного состояния в связанное.
    A) ввиду чего   B) вследствие чего
    C) в силу чего   D) в связи с чем

39. О чём вы думали? Разве можно доверить такое дело такому человеку, как _____.
    A) Петров   B) Петровых
    C) Петрову   D) Петровым

40. Как сообщает НТВ, в Баку ветром _____ крышу сельской школы, к счастью, обошлось без жертв.
    A) понесло   B) снесло
    C) понесли   D) снесли

ПОВТОРЕНИЕ 2

ЛЕКСИКА И СТИЛИСТИКА

41. Эрмитаж _____ в комплексе из шести величественных зданий.
    A) вымещается   B) вмещается
    C) помещается   D) размещается

42. Саша судорожно вздохнул и опять _____ на окно. Он вспомнил, что под Новый год всегда ходил в лес за елкой.
    A) уставился   B) ставился
    C) устанавливал   D) выставил

43. И пяти минут я с тобой _____, а уже до смерти ты мне надоел.
    A) обсуждаю   B) ни общался
    C) беседую   D) не проговорил

44. Недавно наши студенты провели _____ среди крестьян большого села.
    A) запрос   B) опрос
    C) спрос   D) вопрос

45. Наконец-то Олег _____ смелости и рассказал всем, что было с ним.
    A) набрался   B) собрался
    C) убрался   D) выбрался

46. Серов решил бросить эту работу, так как видел _____ возможность более достойного заработка в негосударственном секторе.
    A) реальную   B) вертикальную
    C) моральную   D) материальную

47. Речь выступающего _____ свободно, как будто шла от самого сердца.
    A) брела   B) двигалась
    C) текла   D) лилась

48. Не до такой степени я глуп, чтобы _____ разобраться, мне хорошо или плохо.
    A) не мог   B) было в силах
    C) нельзя было   D) можно было

49. Ты его не слушай, все равно _____ сыт не будешь.
    A) баснями   B) ложью
    C) сказками   D) правдой

50. Только через месяц _____, что причина, вызвавшая аварию, совсем не та, как предполагали инженеры.
    A) объяснило   B) прояснилось
    C) разъяснило   D) выяснилось

51. Выступали известные артисты, и зал был _____ до отказа.
    A) пополнен   B) заполнен
    C) выполнен   D) дополнен

52. Народы двух стран признали друг друга самыми _____ в мире.
    A) дружными   B) дружественными
    C) дружескими   D) дружелюбными

53. Московский Кремль _____ в Список всемирного культурного и природного наследия ЮНЕСКО.
   A) исключён   B) включён
   C) переключён   D) отключён

54. «Ты и _____, Ты и обильная, Ты и могучая, Ты и бессильная, Матушка — Русь!» — так писал о своей Родине Н. Некрасов.
   A) убогая   B) скудная
   C) бедная   D) нищая

55. Камни на огне так раскалились, что до них нельзя даже _____.
   A) прикасаться   B) коснуться
   C) трогать   D) дотронуться

56. Андрей пишет слишком небрежно. Никто не _____ в его почерке.
   A) убирается   B) разбирается
   C) перебирается   D) выбирается

57. В предложении «Влажный ветерок изредка набегает лёгкой волной» Тургенев использует _____.
   A) метафору   B) олицетворение
   C) синекдоху   D) сравнение

58. Я не верю, что он изменится. Горбатого _____ исправит.
   A) могила   B) врач
   C) характер   D) воля

59. Русская пословица гласит: «Жизнь прожить — не поле _____».
   A) зайти   B) перейти
   C) дойти   D) пойти

60. В предложении «Улица провожала его тихим шепотом и восхищением» используется _____.
   A) метонимия   B) метафора
   C) синекдоха   D) сравнение

ЛИТЕРАТУРА

61. 4 августа 2008 года в Москве скончался выдающийся русский писатель А. И. Солженицын, оставив нам такие шедевры, как «Архипелаг Гулаг», _____ др.
   A) «Русский лес»   B) «Смерть чиновника»
   C) «Хождение по мукам»   D) «Один день Ивана Денисовича»

62. Раскольников является одним из героев романа _____ Ф. Достоевского.
   A) «Преступление и наказание»   B) «Игрок»
   C) «Униженные и оскорблённые»   D) «Братья Карамазовы»

63. Поэма А. С. Пушкина, по которой М. И. Глинка написал одноимённую оперу, называется _____.
   A) «Евгений Онегин»   B) «Борис Годунов»
   C) «Руслан и Людмила»   D) «Пиковая дама»

ПОВТОРЕНИЕ 2

64. Повесть «Последний срок» принадлежит перу _____.
    A) Валентина Распутина   B) Василия Белова
    C) Василия Шукшина   D) Виктора Астафьева
65. _____ —бессмертный образ, который создал Гоголь в своём произведении «Ревизор».
    A) Соколов   B) Чичиков
    C) Обломов   D) Хлестаков

СТРАНОВЕДЕНИЕ

66. Российская федерация не является страной-членом _____.
    A) НАТО   B) ООН
    C) ШОС   D) СНГ
67. Уральские горы в России ещё называют шкатулкой с драгоценностями, потому что тут можно найти _____.
    A) и нефть, и газ   B) красивые золотые изделия
    C) алмазы с золотом   D) всю таблицу Менделеева
68. — Какое из следующих названий неуместно применять по отношению к Санкт-Петербургу?
    — _____.
    A) Город на Неве   B) Северная столица
    C) Окно Европы   D) Северная Венеция
69. _____ связан (-на, -но) с языческими традициями проводов зимы и встречи весны.
    A) Новый год   B) Пасха
    C) Рождество   D) Масленица
70. _____ из русских учёных была присуждена Нобелевская премия за классические труды по физиологии в 1904 году.
    A) Н.Н.Семёнов   B) Л.Д. Ландау
    C) И.П.Павлову   D) П. Л. Капица
71. Картина «Запорожцы пишут письмо турецкому султану» принадлежит кисти великого русского художника _____.
    A) В. И. Сурикова   B) В. М. Васнецова
    C) И. Е. Репина   D) И. И. Левитана
72. В совместном российско-китайском коммюнике Москва и Пекин договорились о проведении в _____ году Года русского языка в КНР и в _____ —Года китайского языка в РФ.
    A) 2006; 2007   B) 2007; 2008
    C) 2008; 2009   D) 2009; 2010
73. В старину русские говорили: «Кукушка кукует, _____ вещает».
    A) счастье   B) горе
    C) погоду   D) гостей

74. Россия граничит с _____ государствами на материке.
   A) 13   B) 14
   C) 15   D) 16

75. История Великой Отечественной войны свидетельствует о том, что блокада Ленинграда продолжалась приблизительно_____ дней.
   A) 900   B) 700
   C) 500   D) 300

四、翻译 (Перевод, 50 мин.)

1. Переведите выделенные предложения на китайский язык.

Что такое исторический памятник? Стены древнего собора, узкие улочки, улицы старинного города? Место, где жили предки? Почему именно старые города, становясь местом посещения туристов, привлекают к себе внимание? Почему былое так притягательно? (1) Почему ведутся, обращая внимание историков, литераторов, журналистов, писателей, государственных деятелей, жаркие споры о сохранении ветхих зданий: как лучше сохранить их, как лучше восстановить? И нужно ли это делать?

Наверное, у каждого есть свои ответы на эти вопросы. (2) Но именно древние стены и вызывают ощущение связи времен: прошлого и настоящего. Знакомясь с великими произведениями искусства прошедших лет, человек испытывает гражданское чувство за судьбу своей родины. Значит, исторический памятник – это творчество поколений людей, памятник национальной истории, культуры, искусства. (3) Новое и старое в городе—вечный предмет споров многих поколений людей. Прогресс, требуя современных архитектурных решений, с трудом сочетает их с исторической архитектурой.

В 17 веке знаменитый русский архитектор В. Баженов решил возвести на месте Кремля гигантское здание. Вызвав множество споров, В. Баженов не осуществил свою мечту. Но зато сохранился исторический ансамбль Московского Кремля.

(4) Сочетая вид современных архитектурных сооружений, движение городского транспорта, линии подземных коммуникаций со старинными зданиями, архитекторы и инженеры должны бережно относиться к наследию прошлого. Поэтому основным принципом современного градостроительства должна стать конкурсная разработка архитектурных проектов, широкое участие общественности в их обсуждении. (5) Отход от этого принципа приводит к необоснованным решениям и может безвозвратно погубить бесценные памятники архитектуры.

2. Переведите выделенные предложения на русский язык.

两年一度的(1)俄罗斯电影周于2011年5月28日在南京开幕。根据中国、俄罗斯达成的互办影展协议，两国每年易地举办电影周活动,旨在推动中俄人民的文化交流,增进中俄人民的友谊。

ПОВТОРЕНИЕ 2

(2) 本次电影周，俄罗斯派出了阵容强大的电影代表团。俄罗斯驻上海领事馆副总领事巴甫洛夫出席了开幕式，俄罗斯文化部电影局局长捷里诺夫在开幕式上致词，开幕影片《海军上将》的导演安德烈·克拉夫丘克、影片《女乘客》的主演安娜·戈尔什科娃在开幕式上与现场观众进行了亲切交流。据了解，在生活中，他们是一对夫妇。(3) 本次参展影片选自俄罗斯2008至2010年间的优秀电影作品，类型丰富多样，有充满悬疑与深邃哲理、充满人性伦理的影片《同一场战争》；有反映19世纪题材的充满神秘色彩的唯美影片《女乘客》；有《亲密的敌人》——从片名就可以读出，这是一部集爱情与恐怖、悬疑于一体的扣人心弦的作品；传记影片《海军上将》则是以俄国著名海军上将高尔察克为主人公，讲述他传奇的军旅生涯和爱情生活；《灰色华尔兹》讲述了战争期间犹如山梨花般美丽但娇弱的多个俄罗斯女孩的命运；《圣诞树》是集多个著名导演参与，由几个故事汇集的影片，而更令人期待的是，俄罗斯总统梅德韦杰夫在片中客串献声。(4) 俄罗斯电影最经典的莫过于战争题材的影片，《布列斯特要塞》一定不会让你失望。它取材于真实的苏德战争故事：原本被德军以为一攻即得的布列斯特小镇，却花费德军一个月时间……

据悉，(5) 电影周的影展活动将持续到6月3日，除《海军上将》、《布列斯特要塞》外，将有《灰色华尔兹》、《圣诞树》、《女乘客》、《同一场战争》、《亲密的敌人》等五部俄罗斯优秀影片将陆续在南京与观众见面。

五、写作 (Сочинение, *40* мин.)

Тема: «Как стать счастливым?» *(не меньше 180 слов).*

План сочинения:
1) Что такое счастье?
2) Ваше представление о счастье.
3) Путь к счастью.

ИТОГОВЫЙ УРОК

Текст   Студент и рациональное использование времени

Если заглянуть в частотный словарь русского языка, то на одном из первых мест по количеству реакций на слово *студент* стоит прилагательное «бедный». Действительно, бедный, и не только потому, что **у него всегда в кармане свистит ветер,** но также потому, что у него вечно нет времени. А его, времени, и правда (мы об этом с вами знаем как никто) не хватает ни на учёбу, ни на отдых, ни на семью (если она имеется), ни на сон — ни на что этих суток в 24 часа не хватает! «Почему же в них не 36 часов?!» — сокрушаемся очередной раз мы. И что в результате? В результате плохое настроение, усталость, головная боль, притупление эмоций и апатия, «хвосты» после сессии, нелады дома и так далее.

Наверное, рациональному использованию времени нужно учить ещё со школы. Не научившись этому, постоянно будешь ощущать нехватку времени.

Что же должен знать студент о времени? Прежде всего мы должны решить, что означает для нас время; выяснить, как мы с ним обращаемся. Скорее всего все придут к выводам, что:

— время — самый важный, дефицитный и невосполнимый ресурс;
— время необратимо и его нельзя накопить;
— время безвозвратно и не передаётся «по наследству»;
— время — это наша жизнь.

Всё это означает, что каждому из нас нужно очень серьёзно относиться к своему времени. Если вы ещё не совсем оценили значение времени, то вот вам объяснение:

— если вы находите время для работы — это принесёт вам успех;
— если у вас есть время размышлять, у вас есть источник духовной силы;
— если вы находите время для чтения и учёбы, то обогащаетесь знаниями;
— если вы находите время для дружбы, игры, мечты, любви и веселья — вы находите счастье, путь к звёздам, радости жизни.

Что же нужно сделать для повышения эффективности использования времени студенту? Провести инвентаризацию обычных временных затрат. Прежде всего при этом помните, что ведёт к поглощению вашего времени.

Это нечёткая постановка цели. Это попытка слишком много сделать за один раз. Это отсутствие представления о том, как приблизиться к цели и с помощью решения каких задач. Это плохое планирование дня. Это личная неорганизованность, «заваленный» письменный стол. Это также недостаточная мотивация. Бесконечные поиски записей, телефонов, адресов. Это телефонные звонки, отрывающие от дела.

ИТОГОВЫЙ УРОК

Это неспособность сказать НЕТ. Это отсутствие самодисциплины, неумение довести дело до конца. Это способность постоянно отвлекаться от дел на разный шум. Это болтовня на частные темы. Это синдром «откладывания» или, наоборот, желание знать обо всём немедленно или сделать что–то одним махом.

Выберите хотя бы пять позиций, характерных для вас, и попытайтесь найти способ их устранения. Одолев эти пять важнейших «поглотителей» вашего времени, вы сможете добиться значительно большей продуктивности.

Итак, работа и учёба должны подчиняться нам, а не наоборот. Поэтому постарайтесь найти свой личный стиль организации дня. Для этого воспользуйтесь рекомендациями, выбрав из них наиболее близкие для себя.

1. Начинайте день с хорошим настроением.
2. Идите на занятия без спешки. Не говорите себе, что у вас нет времени.
3. Приступайте к занятиям без «раскачки». Откажитесь от каких–либо ритуалов.
4. Пересмотрите составленный накануне план и внесите коррективы.
5. Избегайте незапланированных импульсивных действий.
6. Своевременно отдыхайте.
7. Однородные задачи старайтесь выполнять сериями.
8. Используйте незапланированные паузы эффективно.
9. Ищите способы избежать регулярных посягательств на ваше время со стороны друзей, родных и т. д.

А в заключении запомните афоризм, принадлежащий **А. Маккензи**: «Нет ничего более лёгкого, чем быть занятым, и нет ничего более трудного, чем быть результативным».

КОММЕНТАРИИ

У него всегда в кармане свистит ветер — у него никогда нет денег.

Кэрол А. Маккензи — один из авторов книги «Как создать команду, увлечённую своим делом. От разрушения к созиданию».

апатия: состояние полного безразличия, равнодушия 淡漠, 冷漠, 无动于衷

нелады: плохие взаимоотношения, ссоры 〈口〉不和睦, 争吵, 口角

    Нелады между отцом и сыном начались уже давно.
    У него были нелады со здоровьем.
    У неё в личной жизни нелады.

инвентаризация: проверка наличия и состояния имущества, принадлежащего кому–л., путём подсчёта и составления его описи 财产登记; 清点; 盘存

затрата [常用复数]: то, что истрачено, израсходовано 费用, 开支, 花销

    большая затрата физических сил

俄语 6

болтовня: *разг.* бессодержательные разговоры, пустословие 闲谈；空扯，空话

оживлённая болтовня

Не было такого, болтовня всё это!

синдром: сочетание симптомов, характерных для какого-н. заболевания 〈专〉综合症状

болевой синдром; синдром приобретённого иммунодефицита (СПИД)

ЗАДАНИЯ

I. Найдите в родном языке соответствия следующим словам.

раскачка, поглотитель времени, заваленный письменный стол, хвосты после сессии, болтовня, синдром откладывания

II. Переведите словосочетания на русский язык.

合理利用时间，俄语词典，休息时间，头疼，感觉时间不够，精神力量的源泉，得出结论，提高时间的使用率，缺乏自律，把事情做到底，一气呵成地做事，避免冲动的行为

Материал этого урока поможет проверить Вам: насколько рационально использовали Вы рабочее время, хорошо ли усвоен Вами материал учебника. Итак, начинаем проверку!

Давайте обсудим!

(1) Какие, по вашему мнению, главные характеристики свойственны представителям вашей национальности?

(2) Какие положительные и отрицательные стороны свойственны представителям вашей национальности?

Как, на ваш взгляд, меняется национальный характер с ходом истории и с развитием научно-технического прогресса?

(3) Насколько важным для характеристики человека является его отношение к работе в вашей стране?

Связано ли уважение к человеку со стороны окружающих людей с его профессиональным мастерством?

Как вы думаете, какими качествами должен обладать бизнесмен для успешной работы на рынке?

(4) Какие сферы российского рынка представляются вам наиболее привлекательными для бизнесменов вашей страны? Обоснуйте своё мнение.

Известны ли вам примеры успешной деятельности компаний из вашей страны на российском рынке?

В каких областях может быть перспективным сотрудничество между вашей страной и Россией?

ИТОГОВЫЙ УРОК

(5) Любят ли граждане вашей страны путешествовать?
Какие страны наиболее популярны у туристов? Как вы думаете, в чём кроется секрет их популярности?
Приезжают ли в вашу страну туристы из России?
Что больше всего интересует их в вашей стране?

Напишите:
(1) Письмо другу из-за границы.
(2) Короткий рассказ о ваших впечатлениях от поездки в другую страну.
(3) Список ведущих характерных черт, которые, по вашему мнению, свойственны представителям вашей национальности.
(4) Краткую информацию о вашей фирме или об известной на мировом рынке компании.
(5) Объявление о приёме на работу в вашу фирму новых сотрудников.
(6) Деловое письмо об особенностях бизнеса в России.
(7) Объявление о поездке на экскурсию в ботанический сад (зоопарк, за город, на лыжную базу...)
(8) Короткий рассказ о своём родном городе.

Составьте диалоги для следующих ситуаций и разыграйте их по ролям.
(1) Вы обсуждаете с друзьями, в каких странах (городах) вам хотелось бы побывать.
(2) Вы беседуете с русским, который приехал в вашу страну, интересуетесь его впечатлениями.
(3) Вы обсуждаете с коллегами по группе, что вам больше всего понравилось в чужой стране, а что неприятно удивило.
(4) Вы разговариваете с гражданином другой страны, интересуясь основными чертами характера людей данной национальности.
(5) Вы спрашиваете у коллег по группе об их отношении к представителям других национальностей, о сложившихся стереотипах восприятия разных национальностей.
(6) Ваш сын хочет уйти из школы и начать работать. Поговорите с ним, постарайтесь убедить его не совершать ошибку.
(7) Вы хотите установить деловые связи с Россией. Расспросите своего русского знакомого об особенностях бизнеса в России.
(8) Вы пришли устраиваться на работу в фирму. Расспросите об условиях работы.
(9) Ваш друг считает, что знание иностранного языка в жизни не столь важно. Докажите ошибочность его мнения.
(10) Ваш друг интересуется, труден ли ваш родной язык. Расскажите ему о некоторых особенностях и трудностях своего языка.

Профессиональная ситуация!
Представьте, что в институте проводится конкурс на лучший перевод рассказа русского писателя на родной язык. Творчество какого писателя привлекает ваше внимание? Какой рассказ вы бы выбрали и почему?

Вам предстоит выступить на конференции с речью убеждающего характера, посвящённой проблемам студенчества.

Темы конференций

（1）Причины неуспеваемости студентов.
（2）Как следует изучать иностранный язык?
（3）Студент и свободное время.

СЛОВАРЬ

А

абсурд	(8)
авось	(5)
агрессия	(4)
адаптация	(6)
актуальный	(5)
алчный	(8)
антилопа	(2)
апатия	(Итоговый урок)
арфа	(7)
архитектор	(7)
аскетизм	(5)
ассоциироваться	(5)
атрофироваться	(2)
аукнуться; аукаться	(10)
афера	(1)

Б

бедняга	(6)
белобрысый	(6)
бескорыстный	(5)
бильярд	(3)
бойкий	(5)
болтик	(7)
болтовня	(Итоговый урок)
британцы	(5)
брод	(10)
бронза	(9)
бульдозер	(3)
бунтарство	(5)
бюргер	(2)

В

вальяжный	(5)
Венесуэла	(3)
вероисповедание	(5)
вестибюль	(9)
вжиться; вживаться	(7)
взятка	(1)
визуальный	(4)
владелец	(1)
вольера/вольер	(2)
вползти; вползать	(9)
всамделишный	(9)
вслепую	(8)
втемяшиться	(5)
вульгарный	(1)
выкормить; выкармливать	(2)
выпаливать; выпалить	(6)
выпученный	(7)
вялый	(4)

Г

глина	(7)
горилла	(2)
господство	(5)
гравюра	(9)
грань	(5)

Д

декларация	(6)
депортировать	(2)
детдом	(6)
деяния	(8)
дисплей	(3)
дифференцировать	(1)
драматизировать	(8)
дублировать	(3)
дурачиться	(7)

Е

египтяне	(9)

Ж

жестикуляция	(4)
жилка	(1)
жираф	(2)

З

зависимость	(8)
задрать; задирать	(2)
заповедь	(1)
запястье	(4)
засилье	(3)
затейливый	(5,7)
затормозить; тормозить	(2)
затрата	(Итоговый урок)
зебра	(2)
златоверхий	(9)
значимость	(8)
зодчество	(9)
зрачок	(4)

И

избаловать; баловать	(2)
изнурительный	(2,6)
изогнуть	(4)
изысканный	(7)
изящный	(6)
иллюстрация	(9)
инвентаризация	(Итоговый урок)
инстинкт	(2)
интеллект	(7)
интенсивный	(4)
инфантильный	(5)
инфраструктура	(1)
искусствовед	(7)
искушение	(8)
истощённый	(2)

К

казус	(3)
Как аукнется, так и откликнется.	(10)
катализатор	(1)
катастрофа	(8)
квалифицированный	(7)
Кёльн	(2)
кладезь	(5)
кличка	(2)
кодекс	(1)
кок	(7)
комбинация	(7)
компенсация	(1)
комфорт	(3)
конструктор	(7)
конъюнктура	(1)
координата	(5)
копыто	(2,9)
корпеть	(2)
краеугольный камень	(1)
критерий	(1)
кроманьонец	(8)
кроха	(6)
крохотный	(6)
кружевница	(7)
кустарь	(7)

Л

лемур	(2)
логика	(7)

М

междометие	(3)
меланхоличный	(5)
менеджер	(4)
млекопитающее	(2)
многоборец	(1)
моделировать	(7)
мозаика	(9)
мораль	(8)
моральный	(8)
мрамор	(7)
мышца	(2)
мэр	(8)

Н

на дыбы	(9)
надменный	(9)
нажива	(1)

СЛОВАРЬ

намёк (6)
наперебой (6)
наркотик (8)
нарост (2)
насилие (8)
наследство (7)
Не зная броду, не суйся в воду (10)
незыблемый (10)
нейтральный (8)
нелады (Итоговый урок)
немудреный (8)
ненароком (6)
новоиспечённый (2)
нянчить (2)

О

обитатель (8)
обнажить; обнажать (1)
обнюхать; обнюхивать (6)
объесться; объедаться (6)
объятие (6)
опека (6)
оппонент (4)
опротестовать; протестовать (3)
орангутанг (2)
оратор (4)
ориентир (5)
оскорбительный (1)
остров Ява (2)
ось (5)
откачать; откачивать (2)
отполировать; полировать (6)
отталкивающий (4)
оттеснить; оттеснять (6)
отучиться; отучаться (4)

П

паника (3)
панорама (9)
патриотизм (9)
педантизм (5)
педикюр (2)
перпендикулярный (9)

пессимизм (8)
пестреть (9)
питомец (2)
пламенный (9)
плодотворно (8)
побывать в чужой шкуре (7)
погремушка (7)
погружённый (5)
подвергнуть; подвергать (2)
подлинный (8)
подопечный (2)
подчинить; подчинять (1)
пожурить; журить (2)
показуха (5)
полиглот (2)
помчаться; мчаться (9)
понервничать; нервничать (4)
поощрение (2)
попечение (6)
породить; порождать (8)
порозоветь; розоветь (9)
Португалия (3)
поручительство (1)
почесть (8)
предвкусить; предвкушать (2)
предосудительный (5)
преобразовать; преобразовывать (8)
престижный (7)
претензия (5)
привередливость (8)
привить (2)
придавить; придавливать (9)
приказчик (7)
приматы (2)
примитивный (1)
прихорашиваться (7)
прищурить; прищуривать (4)
приют (6)
программист (7)
прогресс (8)
промахи (4)
промурлыкать; мурлыкать (2)
прорывать; прорвать (6)

165

прыть	(2)	соразмерный	(9)
пьяница	(6)	сорняк	(3)
		сослаться; ссылаться	(6)

Р

		сплестись; сплетаться	(6)
раб	(8)	сработаться	(4)
разброд	(5)	сражение	(6)
разгадка	(5)	стоик	(8)
разгильдяйство	(5)	сторговаться; торговаться	(10)
раздражение	(3)	стресс	(2,7)
размять; разминать	(6)	стяжательство	(5)
разъединить; разъединять	(4)	сугубый	(4)
расправить; расправлять	(4)	сфинкс	(9)
растерянный	(4)	сымпровизировать; импровизировать	(4)
расшифровать; расшифровывать	(4)	сюсюкаться	(2)
реактор	(7)		
регбист	(8)		

Т

редкостный	(7)		
рекомендация	(1)	тесьма	(7)
ремесло	(8)	тогдашний	(9)
рентабельный	(3)	топор	(6)
рискованный	(1)	трагедия	(8)
роскошествовать	(10)	трактор	(3)
рукопожатие	(4)	транзитник	(6)
рукоятка	(7)	трещина	(2)
русло	(1)	триумфальная арка	(9)
		тротуар	(3)
		тушка	(2)

С

У

самка	(2)		
сентиментализм	(7)		
симптом	(2)	умолчать; умалчивать	(6)
синдром	(Итоговый урок)	усыновить; усыновлять	(6)
синоним	(1)	ущерб	(8)
Скандинавские страны	(3)		
скиталец	(2)		

Ф

скопировать; копировать	(7)	фальшь	(7)
скоропалительный	(4)	фамильярный	(4)
скромный	(8)	фиксировать; зафиксировать	(4)
слиться; сливаться	(9)	формулировка	(10)
слонёнок	(2)	фрак	(7)
содрогание	(6)		
созерцательный	(5)		

Х

сообразительный	(7)	хладнокровный	(4)
сопережить; сопереживать	(5)	хобот	(2)

СЛОВАРЬ

хоровод	(6)

Ц

ценность	(8)

Ч

чтить	(8)

Ш

шалость	(7)
шелуха	(8)
шнурок	(6)

Щ

щегол	(5)
щёголь	(7)

Э

экспрессия	(7)
эластичный	(3)
эмоция	(7)
эрудированный	(1)
эссе	(5)
этикет	(7)
этнический	(5)

Я

ядерный	(7)
янтарь	(7)
ящур	(2)

普通高等教育"十一五"国家级规划教材

《俄语》（全新版）
（1—8册）学生用书/教师用书

黑龙江大学俄语学院 编
总主编：邓军 郝斌 赵为

《俄语》（全新版）在充分领会新教学大纲的基础上，以最新的外语教学理论为指导，在编写理念、选取素材、结构设计等方面都力求体现和满足俄语专业最新的教学要求，集多种教学模式和教学手段为一体，顺应社会和时代的发展潮流，突出素质教育思想，注重教授语言知识与培养言语技能的有机结合。

- 采用低起点教学原则，从语音导论开始，到最后篇章研修结束。编写主线以语法为纲，酌情引入不同专题内容。低年级阶段以教学语法为基础，高年级阶段以功能语法为纲，以适合俄语专业基础阶段和提高阶段的使用。

- 力求反映出21世纪俄罗斯风貌和当今时代俄语最新变化。紧密联系中国国情，结合教学实际，注重日常生活交际，突出实用性。

- 保障常用词汇数量，保障典型句式数量。教材内容贴近生活、贴近现实，学生可以通过本套教材的学习，了解俄罗斯人的生活习俗、行为方式、思想方法以及人际交流模式。

《俄语》（全新版）共分为八册，包括学生用书、教师用书、配套光盘、电子课件等相关配套出版物。

书号 978-7-301	书名	定价
13647	俄语（全新版）(1)学生用书（配有光盘）	28.00
13837	俄语（全新版）(2)学生用书（配有光盘）	28.00
14513	俄语（全新版）(3)学生用书（配有光盘）	28.00
16758	俄语（全新版）(4)学生用书（配有光盘）	32.00
17733	俄语（全新版）(5)	25.00
19271	俄语（全新版）(6)	25.00
17734	俄语（全新版）(7)	20.00
18942	俄语（全新版）(8)	20.00

书号 978-7-301	书名	定价
14104	俄语（全新版）(1)教师用书	28.00
14354	俄语（全新版）(2)教师用书	28.00
15436	俄语（全新版）(3)教师用书	28.00
16759	俄语（全新版）(4)教师用书	28.00

为了获得更好的教学效果
特向使用本教材的教师赠送配套电子课件

21世纪大学俄语系列教材

编委会（以汉语拼音为序）
丛亚平　山东大学
邓　军　黑龙江大学
刘利民　首都师范大学
苗幽燕　吉林大学
史铁强　北京外国语大学
孙玉华　大连外国语学院
王加兴　南京大学
王铭玉　天津外国语大学
王松亭　解放军外国语学院
王仰正　浙江大学
夏忠宪　北京师范大学
杨　杰　厦门大学
张　冰　北京大学出版社
张　杰　南京师范大学
查晓燕　北京大学
赵　红　西安外国语大学
赵爱国　苏州大学
赵秋野　哈尔滨师范大学
郑体武　上海外国语大学

《俄语视听说基础教程》（1—3册）
总主编：孙玉华

本套教材共三册，包括学生用书、多媒体教学光盘、教学指导电子课件等相关配套出版物。其中第一册供一年级下学期使用，二、三册分别供二年级上、下学期使用。本套教材具有以下几个方面特点。

- 视、听、说密切结合，激发学生学习兴趣；
- 模拟真实语言环境，培养学生跨文化交际能力；
- 穿插图表、照片于教材中，突出教学内容直观性；
- 依托经典俄罗斯歌曲，强化学生的国情知识能力；
- 练习形式多种多样，靶向训练学生听力技能；
- 编写理念贴近原版教材，促进学生形成俄语语言个性；
- 配有四级考试题型，方便学生课后自主复习；
- 根据学生的语言水平，量身定做情景教学片。

本教材每一课课后配有人机对话练习、听力理解练习、听写等内容，帮助学生课后自主复习，顺利通过俄语专业四级考试。教材形式多样的音频和视频教学材料既适用于高等学校俄语专业本科生视听说课、泛读课、语言国情课使用，也可供非俄语专业本科生听力教学及俄语学习者自学使用。

书号978-7-301	书名	定价
16719	俄语视听说基础教程（1）	32.00
19270	俄语视听说基础教程（2）	39.00
	俄语视听说基础教程（3）	

为了获得更好的教学效果，特向使用本教材的教师赠送配套电子课件和原创情景教学片DVD光盘